介護再編

介護職激減の危機をどう乗り越えるか

武内和久　藤田英明

ディスカヴァー
携書
204

はじめに

２０２４年。

１９４７年から１９４９年の3年間に生まれた「団塊の世代」がすべて75歳以上の後期高齢者になります。

その人数はなんと８０６万人です。

２０１８年の出生数は94万６０００人なので、3倍したとしても約２８０万人です。いかにこの世代の人口が多いかがわかります。

団塊の世代８００万人が75歳以上になるということは、それだけ多くの方々が疾病罹患リスク・要介護リスクにさらされるということであり、治療や介護が必要になるということを意味しています。

また、団塊の世代は、今生きている日本人の中で最も数が多く、同質性が高く、自己主張の強い世代です。彼らは、生まれてからずっと日本社会において最大の年齢集団であり、若い頃から常にサービスや商品などの市場が彼らを追いかけてきてくれる環境の中で育ってきました。団塊の世代を中心に国内需要を創出してきたと言っても過言ではありません。

これまで医療や介護の現場で出会ってきた高齢者は、明治・大正・昭和初期生まれの「おとなしい」「ありがとうと言ってくれる」方々でしたが、これから病院や介護施設を利用する団塊世代高齢者は「自分らしさ」を大事にし、多様な価値観や人生観を持った方々です。そうした方々が介護を必要としたとき、どう満足されるケアを介護できるか、が問われています。

その一方で、圧倒的に人数が多い団塊世代高齢者の介護を担う人材は完全に不足しており、国は、２０２５年には約38万人の介護職が足りない状況に陥ると予測しています。

こうした状況の中で「これをやればすべて解決！」というような解決策はありません。「では根っこにどういう問題があり、それらをどう解決していけばいいのか？」ということに関して、元厚生労働省の官僚である武内和久と介護事業者の革命児と呼ばれた藤田英明が、これまで誰も踏み込んでこなかった課題を明らかにし、現実的な解決策を提言します。

- 介護職の数の問題
- 介護職の質の問題
- 介護の歴史的かつ構造的な問題
- 介護の未科学化の問題
- 介護現場での虐待問題
- 介護事業者の問題
- 介護制度の問題
- 介護という仕事のイメージの問題
- 介護の政治力問題
- 介護に関するデータベースの問題
- 介護政策が表面的にとどまっている問題

などなどについて、論じています。

非常に多くの人口を抱える団塊の世代。
その世代の介護を担う介護職。

団塊の世代の要介護高齢者はこれから一気に増え、その介護を行う介護職のなり手は減少していくというジレンマの中、これらの問題をどう解決していけばいいのか？日本の高齢化は世界で最も進んでおり、世界中が超高齢社会をどう運営していけばいいのかと悩む中での実験場になっています。
人口減少と超高齢化が同時に進む社会をどのようにランディング（着地）させていくのか。その手腕が問われています。

世界の先進事例であり、〝介護先進国〟になれるチャンスが日本にはあります。そのチャンスを活かすためには、日本の介護の世界には、どのような問題が存在し、その各問題がどのような相関関係にあり、それらをどのように解決していけばいいのか。これから訪れる先進各国の高齢化問題に対するソリューションを日本が主導して提示していくことが新たな産業の創出や介護職の活躍するフィールドの確保につながればという思いで本書を書かせていただきました。

藤田英明

介護再編　介護職激減の危機をどう乗り越えるか

目次

第1章　人手不足で介護業界が壊れていく

第２章　ガラパゴス化する介護人材確保対策

第3章　介護は知性と感性とコミュニケーションが必要な仕事

第5章　介護は零細が大半の未熟な産業

第6章　介護「再編」を断行せよ

序章

介護の知られざる真実

介護職の不足に対応できなければ日本は衰退する

このままだと日本の高齢者の介護はすべて外国人が担うことになるのか。

そんな危機感が介護業界に強く広がりつつあります。介護業界全体を見ると、人手不足は深刻な状況にあります。有効求人倍率は3倍を超え、他の職業と比較しても圧倒的に不足しています。

財団法人「介護労働安定センター」が公表している「2017年度の介護労働実態調査」によると、「従業員が不足している」と答えた介護事業者は66・6%で、4年連続で不足感が増加しています。不足理由は「採用が困難」が88・5%、「離職率が高い」が18・4%となっています。

その一方で、現在、180万人もの介護労働者が現場で働いていることも事実です。すでにあらゆる産業の中で最も従事者数が多い業種の一つになっており、今後も確実に伸び続けると予測されています。

厚生労働省によると、2025年度には253万人の介護職員が必要と試算されています。7年でおよそ70万人、つまり1年に約10万人のペースで増やしていかねばならないこ

有効求人倍率の推移

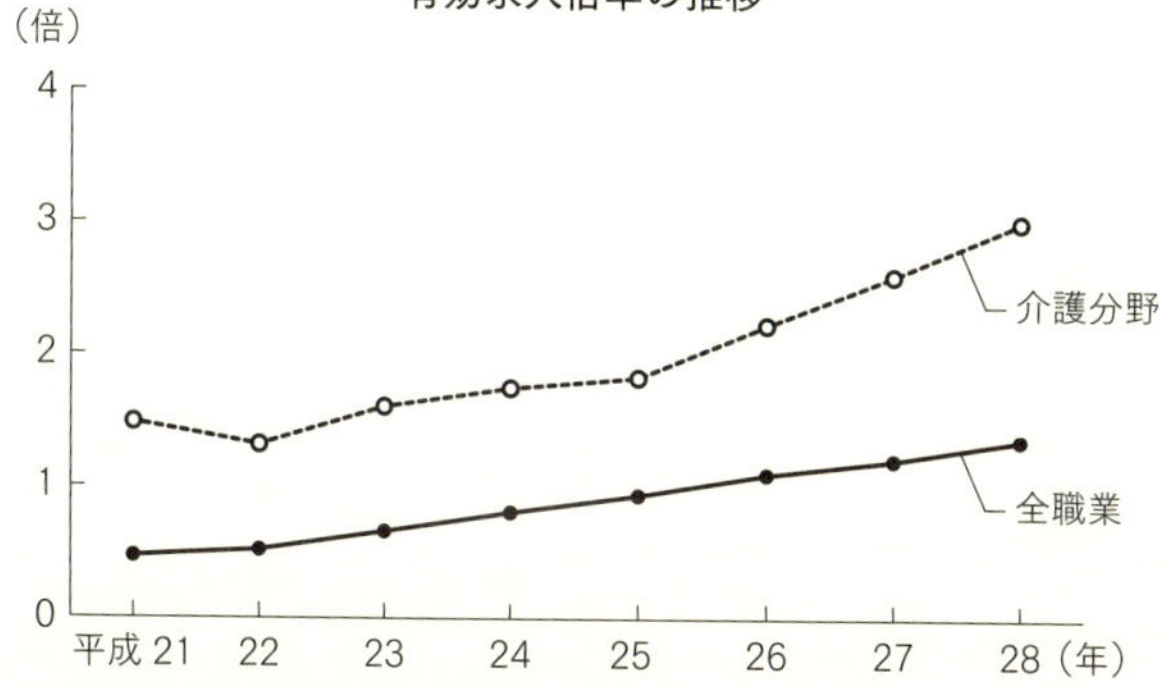

【出所】内閣府の「平成29年版高齢社会白書」から作成

介護人材の需要推計

	平成12年度（2000年度）	平成24年度（2012年度）（推計値）	平成27年度（2015年度）（推計値）	平成37年度（2025年度）（推計値）
介護職員	55万人	149万人	167～176万人（注）	253万人

注）平成27年度・平成37年度の数値は社会保障・税一体改革におけるサービス提供体制改革を前提とした改革シナリオによる。
【出所】厚生労働省資料

とになります。

　2000年に介護保険制度が始まった時点での要介護者は約200万人でしたが、現在は660万人になっています。このニーズの急増に担い手が追い付いていないのです。今の介護職員の増員ペースでいけば、2025年には215万2000人の担い手しか確保できず、約38万人も不足すると試算されています。

　現時点ですでに不足しているのに、今後は追い打ちをかけるように介護労働者の不足が進んでいくのです。

これが私たちの生活にどんな影響をもたらすのでしょうか。さまざまなことが懸念されます。

●「介護難民」の激増：介護が必要な人が自宅でも施設でも介護を受けられなくなります。人材が足りなければ施設を開設することができないと同時に、今は開設している事業所も人が採用できないことを理由に閉鎖せざるを得なくなります。

●「介護離職」の激増：要介護者が施設に入ることができなければ、自宅で介護せざるを得ないことになり、要介護者の子やその配偶者などが就職できない、または、「介護離職」しなければならないという状態がさらに進展します。

●「GDP」の低下：他産業でもすでに人手不足に陥りつつありますから、家族の介護のために働き手がさらに減るということになれば、日本経済全体の活力が失われていきます。労働力人口が減れば、当然消費額が減っていきますから、国内消費が多くを占める我が国のGDPが大きく減少します。

●「可処分所得」の減少：家計収入が減れば、社会保障費の負担比率が相対的に高まりますから、家計の可処分所得が減り、貯蓄もできなくなります。

介護保険制度施行以降の介護職員数の推移

○介護保険制度の施行後、要介護（要支援）認定者数は増加しており、サービス量の増加に伴い介護職員数も１５年間で約3.3倍に増加している。

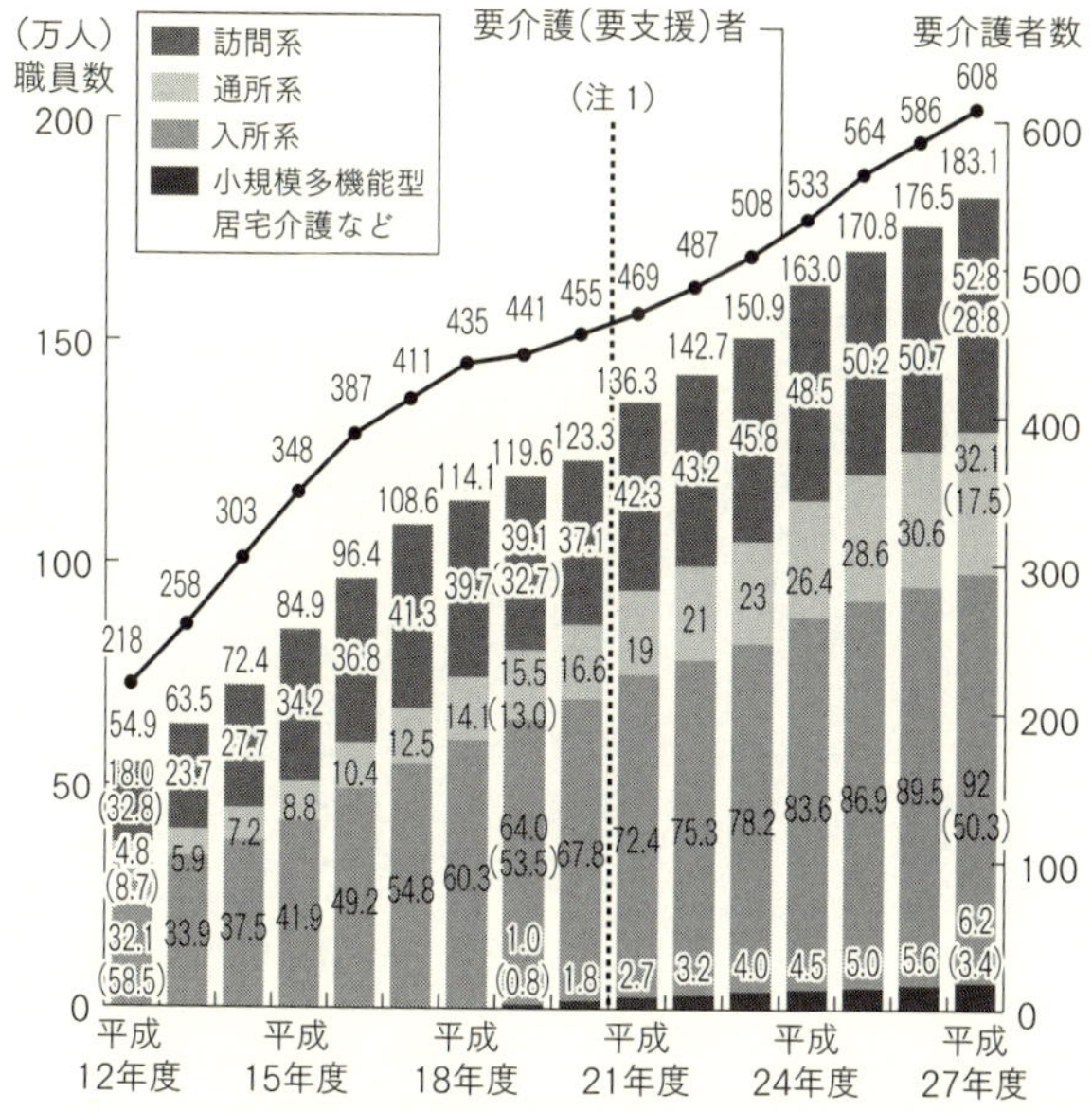

注1）平成21～27年度は、調査方法の変更等による回収率変動の影響を受けていることから、厚生労働省（社会・援護局）にて推計したもの。
（平成20年まではほぼ100%の回収率→（例）平成27年の回収率：訪問介護89.9%、通所介護84.7%、介護老人福祉施設93.6%）
●補正の考え方：入所系（短期入所生活介護を除く。）・通所介護は①施設数に着目した割り戻し、それ以外は②利用者数に着目した割り戻しにより行った。
（①「介護サービス施設・事業所調査」における施設数を用いて補正、②「介護サービス施設・事業所調査」における利用者数を用いて補正）

注2）各年の「介護サービス施設・事業所調査」の数値の合計から算出しているため、年ごとに、調査対象サービスの範囲に相違があり、以下のサービスの介護職員については、含まれていない。
（訪問リハビリテーション：平成12～24年、特定施設入居者生活介護：平成12～15年、地域密着型介護老人福祉施設：平成18年）
※「通所リハビリテーション」の介護職員数は、すべての年に含めていない。

注3）「小規模多機能型居宅介護など」には、「小規模多機能型居宅介護」の他、「複合型サービス」も含まれる。

注4）介護職員数は、常勤、非常勤を含めた実人員数である。（各年度の10月1日現在）

【出所】厚生労働省「介護サービス施設・事業所調査」（介護職員数）、「介護保険事業状況報告」（要介護（要支援）認定者数）

●「少子化」の進展：介護のために若い世代が結婚できなくなったり、子育て世代の生活の余裕がなくなると、子どもを産まないとか、子どもを2人欲しいが1人にしておく、といったことが起こります。さらなる少子化も連動して進みます。

●「インフラ」の劣化：税収が減れば、当然、社会資本に投資するお金も減りますから、社会を支えるさまざまなインフラも更新されずに劣化した状態のままになります。

こうした懸念が現実のものとなれば、私たちの国、日本の経済と社会は活力を失い、衰退することが懸念されます。介護職の不足にどう我が国が立ち向かうかは、日本の命運を左右する課題と言って過言ではありません。

それぐらいのインパクトをもたらすのが、この「介護人材」の危機なのです。

いきなり脅すような話で恐縮なのですが、危機感を共有していただきたいためにあえてこうした起こりうるネガティブな話を最初にすることにしました。

介護人材の問題は、自らの生活はもちろん、国家をも揺るがす大問題なのだということをご理解いただきたかったのです。

量産型ヘルパーがさらに超量産型ヘルパーを養成してしまった

この「介護人材」の需要の急増は今に始まったことではありません。

そもそも介護保険法は２０００年に施行され、その後、何度か改正されて今日に至っています。

私（藤田）は１９９８年に大学を卒業し、埼玉県の介護施設を経営する社会福祉法人に就職したのですが、当時は介護職の就職先はほとんどありませんでした。２０００年に介護保険制度が始まり、それと同時に民間企業の介護事業への参入が可能となりましたが、介護保険制度施行前は社会福祉法人や自治体、あるいはＮＰＯなどがほとんどの介護施設を経営・運営している程度でした。

当時は就職氷河期が始まって3年目だったこともあって、介護職の就職倍率が60倍と言うのもザラな時代でした。〝選ばれた人〟が施設に就職していた時代だったのです。

ちょうど私が就職した１９９８年には、２年後の２０００年に介護保険法が施行されることが決定され、民間の参入も可能となっていました。当時、介護人材は、約50万人しかいませんでした。

介護保険が始まると、介護を担う人材が一気に必要になりました。そこでホームヘルパー1～3級という資格が創設され、助成金もつき、猫も杓子もとにかくまず「ヘルパー3級を取れば介護の仕事ができる！」という世界になっていきました。主婦を中心に多くの人がホームヘルパー資格取得に励みました。

こうしてホームヘルパーとしてこの業界で働き始めた量産型の人は、3年もすれば介護のほとんどのことがある程度できるようになり、次に国家資格である介護福祉士の資格を取得し、そして5年目でケアマネジャーの資格を取得するというコースを辿りました。これが介護職の王道キャリアアップコースでした。

すると、量産型ヘルパーがさらなる超量産型ヘルパーを養成し、それが繰り返されていきます。こうした急速な「量」の拡大によって、現場で働く介護職の質は劣化の一途を辿っていったというのが現場の実感です。

介護人材リッチ↓リーマンショック↓政権交代↓アベノミクス↓介護人材難

私（藤田）自身は２００４年に最初の介護施設をオープンさせて起業したのですが、当時はまだ日本も戦後最長の好景気であり、介護事業の事業性に対する認識も薄く、銀行に融資の相談に行っても「株式会社の介護事業に融資はできない」と言われてしまう状態でした。幸い私自身は融資を受けることができ、埼玉県で47箇所の事業所を展開することができましたが。

しかし、２年後の２００６年7月に、アメリカでサブプライムローン問題（低所得者向け住宅ローン証券焦げ付き問題）が発生し、アメリカの金融機関が多額の損失を被り、金融危機となり株価が下落し、そのあおりを受け日本も深刻な不況へ。９月には第一次安倍内閣が総辞職し、景気が一気に後退しました。

日本の景気が一気に後退したことによって、多くの企業でリストラが行われ、介護業界に大量に人材が流れ込んできました。

さらに、２００８年9月には、リーマンショック（アメリカの名門証券会社リーマンブラザーズが経営破綻）が起こり、世界的金融不安となり、世界的な株価下落、世界同時不況が深刻化しました。福田内閣は総辞職し、麻生内閣が誕生しました。

10月には、日銀が利下げに政策を転換し、政府は、定額給付金支給等を含む、事業規模26・9兆円の「生活対策」を行いましたが、景気は回復せず、リストラされたサラリーマンたちがますます介護業界へ流入してきました。今では考えられないほどの介護人材リッチな時代でした。

不況によって多くの産業が深刻なダメージを負う中で、介護事業は

(1) 超高齢社会の中でマーケットは拡大し続ける

(2) 官製市場であり収益が安定的である

(3) 人材がいくらでも集まる

という点において、将来有望な産業だという雰囲気がさまざまなメディアによって醸成されはじめ、「介護ブーム」とも呼べる時代が到来しました。

介護事業には銀行の融資も簡単に下りるようになっていきました。

介護事業に多くの人が流入し、銀行融資が下りるようになると、事業者数は激増していきました。事業者数の増加に比例するように要介護高齢者数も増えていき、介護施設を作

ればすぐに埋まる、という時代でした。

一方で、そこで働く介護職はどうだったのかといえば、当時の日本は先述のように不景気であり、さまざまな産業から多くの人が介護業界へと流入してきました。２００６年から２０１１年までは正に「介護産業の時代」でした。

ところが、２０１２年から始まったアベノミクスによって、日本の景気は一気に拡張し、それに伴って介護産業への人の流入はパタリと止まり、逆流し始めました。要介護高齢者は増え、介護事業者は増え続けている反面、毎年毎年介護人材の不足状態は悪化していいます。

皮肉なことに、世の中の景気が良くないと介護業界に人が集まり、景気が良くなると人が来なくなる、という業界としての特徴を持っているのです。

こうした経緯で、現在は「史上最も介護人材が不足している時代」となっています。

政府や厚労省は、日本の高齢化が進んで要介護者が急増することに当然気づいていて、だからこそ保険をつくって財政的な基盤をしっかりさせ、急ピッチの供給拡大を実現したいという考えで介護保険制度をつくりました。しかし、予算をつけて施設などハードを用意するところまではうまくいきましたが、ソフト面はそうはいきませんでした。ソフトとは「人」そのものですから、人はロボットをつくるようには産み出せないのです。

それに人が介護業界で働いてくれるかどうかは、他の産業とも関連してきます。もちろん介護はやりがいのある仕事ですが、人材の奪い合いとも言うべき状況の中では、他の産業より報酬の面か、労働環境の面か、あるいはその両面で魅力的でなければならないのです。そうした難しさの中でうまく人を引き付けられずに人手不足が起こっているのです。

高級有料老人ホームだから安全・安心というのは神話

介護施設には、特別養護老人ホームや介護付き有料老人ホーム、サービス付き高齢者向け住宅、住宅型有料老人ホーム、認知症対応型共同生活介護（グループホーム）、介護付き分譲マンション、高齢者向けアパートなどがあり、そのクオリティはピンからキリまであります。この形態は良くてこの形態は悪いということもありません。

たとえば、入居一時金を数千万円払う介護付き有料老人ホームもあれば、毎月9万円程度の費用で入居できる住宅型有料老人ホームまで、その価格帯はさまざまです。

高級有料老人ホームで最も入居一時金が高いのは1億2000万円というところまであります。内装は高級ホテルのようで、エントランスは大理石が敷かれていて、ロビーにピアノが置いてあり、演奏会などが行われる施設もあります。食事も高級食材を使った高級旅館を思わせるような内容になっている施設まであります。

しかしながら、ここで少し考えていただきたいことがあります。建物などのハードや、そこで提供されるプログラムや食事などは、支払える金額によってその質は大きく変わります。では、そこで働いている介護職の知識量・技術力・コミュニケーション能力・キャラクターなどは、高級有料老人ホームで働いている介護職のほうが、低廉な老人ホームで働いている介護職よりも高いのか？　というと「そうではない」というのが現実です。

その理由は、高級有料老人ホームも低廉な老人ホームもそこで働く「介護職の給料はほぼ同じ」であり、どの施設も人材不足だからです。介護職への給与は老人ホーム運営事業者に介護報酬として支払われた中から支払われるため、その業態にかかわらず、支払える金額は結果的に同水準になってきてしまうのです。

結局、建物が高価であろうが安価であろうが、コスト回収期間は変わらないため、従業員に割ける賃金の総額は同じような水準となり、人件費も同じにならざるを得ないのです。介護職の賃金に大差がないため、ケアの質的にも同じようなものになります。高級有料老人ホームで高いお金を出しているからといって、安心・安全で良質な介護サービスが受けられるとは限らないという理由はそこにあります。

ニーズと人材のねじれ

介護職の質は、それぞれの介護職が身につけている対人的な専門技術である「対人援助技術」によるところが大きく、この技術をきちんと身につけている人ほど、質のよい介護を提供できます。しかし実は、そうした人材が有料老人ホームに就職するとは限りません。むしろ、しないほうが多いのです。

高齢者介護の領域にはさまざまなサービスの種類があり、そのサービスごとに「そこで働きたい理由」があるので、分かりやすいように大胆に割り切って、サービスの種類ごとに主に働いている人の特徴を以下にまとめてみます。

①特別養護老人ホーム（要介護度3以上の中重度者の介護。個室型と多床室型がある）
年齢：20代～40代前半
男女比：男性3：女性7
特徴：夜勤ができる／レクリエーションは苦手／コミュニケーション能力は比較的低め／パート・アルバイト比率は低い／専門性を求めている人は多い／求められるのは入居者への対人援助技術

②訪問介護（軽度から重度まで幅広く対応。利用者の自宅でのOne to One介護）
年齢：50代～70代
男女比：男性1：女性9
特徴：一対一の介護が得意／レクリエーションは苦手／コミュニケーション能力高め／パート・アルバイト比率高い／専門性を求めている人は少なめ／家族と本人への対人援助技術が求められる

③デイサービス（主に要介護1～3の介護。通い。9時～17時）

年齢：20代～60代
男女比：男性4：女性6
特徴：夜勤がない／レクリエーション得意／パート・アルバイト比率高い／車の運転ができる／専門性を求めている人は半分程度／家族と本人への対人援助技術が求められる

④有料老人ホーム（自立～要介護5まで対応。個室）
年齢：20代～40代
男女比：男性3：女性7
特徴：夜勤がある／ホームの特性によって求められる能力が異なる／専門性を求めている人は半分程度／自立型～要介護度1・2を対象にしているホームが多い／家族と本人への対人援助技術が求められる

あえて思い切った特徴づけをしましたが、右記のように、それぞれのサービス種類ごとに求められる能力や条件が異なるのが実情です。しかし、必ずしも、それらに合致した人材が働いているとは限らず、ミスマッチが多発しています。その結果として、他の産業と比較して離職率が高く、介護人材が介護業界から離れて行ってしまっている現状がありま す。

また、介護施設を開設する場合、多くは建設会社や不動産会社から「良い土地が出てきたのでやりませんか？」という提案がきます。つまりは、土地ありきの発想で施設をつくる傾向にあることも否めません。

極端な話、できるだけ入所者を増やして利益率を上げようとすると、土地の面積に対して建物の延べ床面積を最大化しようとするのです。すると、フロア数の多い施設になります。そのフロアごとに介護職を配置すると、人員が増えて採算が合わなくなりますから、3フロアに夜勤で介護職が1人というような状況が生まれます。

ナースコールが鳴れば必ず駆け付けなければなりませんから、3つのフロアを夜通し行き来することになります。その結果、介護職のストレスは相当なものになります。虐待など介護施設で起こる事件や事故は多くの場合、このような構造的に生じる介護職への過度なストレスが背景にあるのです。

100パーセント虐待は起きないと言える介護施設は100パーセント存在しない

どんな介護施設でも虐待が起きる可能性は必ずあります。施設の組織構成に問題があることも背景の一つです。

たとえば、「こんな人員配置は危険」などといったことを論理的に言語化して上司に伝えて改善を求めるとか、または介護職のストレスマネジメントをするといった能力が事業主や施設長に乏しいのです。現場での実感として、各施設で提供される介護の質は施設長の能力に委ねられている状況です。

施設長と言っても、ベテランの20年選手もいれば、介護業界に入ってまだ1年という人もいます。単純に介護現場の経験が長ければ良いというわけではありませんが、あまりにも経験がない人が施設長を行うことによる弊害も多々あります。介護事業者による事業拡大が続いている中で、若く経験の浅い人が施設長を任されることが増えてきている日本の介護業界において、さまざまな問題が起きる可能性があります。たとえば、

①マネジメント経験がない人が施設長に就任する
②施設長の役割が何か分からない
③スタッフから信任を得られない
④現場のマネジメントができない
⑤上司からは数字を求められ、部下からは働きやすさを求められる
⑥責任感が強いほどストレスを溜めやすい
⑦退職する

といった不幸なサイクルが、繰り返されています。

大手介護事業者だからといって安心というわけではないのが介護業界の特殊性です。

介護の質は施設長しだいで左右されてしまいますから、利用者の方が施設を見学して施設長もよさそうな人だからというので入居しても、施設長が異動すると途端にダメな施設になることはよくあります。なんでもそうですが、よくするのは難しく、悪くなるのは簡単です。

マネジメント経験が浅い人（現場経験は長いがマネジメント経験はない人や介護業界に

入って5年未満の人など）が施設長にならざるを得ない環境が問題の本質だといえます。それはもちろん、事業者の問題もありますが、それだけでなく、これから述べる介護業界全体の構造的問題によっても生じています。ここをどう改善するかが求められているのです。

社会福祉法人はGHQとの戦いから始まった

現在の介護人材は〝超〟売り手市場ですが、介護業界では長らく買い手市場が続いていました。経営者は何もしなくても自然と人が集まってきていたため、経営者としても人材を大切に育てていくといったマインドが育ちづらい業界構造のままスタートしてしまったのです。

そんな中で、２０００年に介護保険制度が導入され多くの民間企業が参入してきました。当時、斜陽になり始めていた建設業や被服業の経営者が介護事業の経営を始めました。残念ながら、その中には介護の心、福祉マインドのない人も少なからずいました。

その点、社会福祉法人として昔から介護や福祉を担ってきた人たちは福祉マインドがしっかりしています。高い理念や情熱を持っている事業者の方も多い印象があります。しかし、それはそれで問題がないわけではありません。

もともと介護保険がスタートする前は、「介護は福祉である」との概念が強い分野でした。かつて介護は「措置制度」という、国の予算で〝お上〟が提供する社会福祉だったからです。その社会福祉を担っている社会福祉法人は、自らの私財を公共に提供して、税制優遇を受けながら福祉を行うという極めて尊い精神で始まったのです。

そもそもこの社会福祉法人は戦後、働き手を失った寡婦や、戦争で傷病者となった人たちの生活支援を行う目的で設立されたものです。それは戦後GHQが政府の資金を民間に拠出してはいけないという取り決めをしたことが背景にあります。戦前において政府が民間と一体になって財閥を形成していった歴史があるため、それをさせないようにするためにGHQが憲法に盛り込んだのです。その決まりをかいくぐり、支援が必要な人々を救うために準公的な機関としてスタートしたのが社会福祉法人です。当時の社会福祉法人は崇高な理念に基づいて創られたということです。

それが逆に作用した結果、「お上意識」が非常に強い社会福祉法人が多く存在し、結果として、経営を改善するとか人の能力を引き出す点で意識が低くなっている法人も散見されてしまっています。

もともとそうして始まった社会福祉法人だったので、性格上、法人税などが課税されないとか、施設の建物の建設費を補助するといったさまざまな特典が与えられていました。このため、介護保険制度が始まると、「これはいい儲け口が見つかった」とばかりに介護保険社会福祉法人と呼ばれる法人（介護保険事業のみを行う社会福祉法人）が雨後の筍のごとく生まれ、特別養護老人ホームを開設していきました。

私（藤田）が最初に就職した社会福祉法人では、入社当時は「新卒モデル」が基本でした。高校や大学を卒業したばかりの人を採用し、現場の介護職として働いてもらいます。5年ぐらい働くと23〜27歳になってきます。そのころになると結婚を促すのです。結婚と同時に辞めてもらい、また新卒を採用する。そうすれば給料水準を低く維持できるからです。そのために介護職として女性ばかり採用していました。男性は寿退社しないからです。

私が就職したころ、そこ（埼玉県北部地域）で働いている私たち現場の介護職の給与は総額で13万円程度（手取りで10万円弱）でした。はっきり言って現代の搾取モデルだと感じていました。

こうした状況だったため、人材を育成するとか、ノウハウを蓄積するという概念がないまま時代が進んできたというのが、リアルな社会福祉法人のこれまでの歴史です。

採用と定着のノウハウのない介護事業者

その後、介護保険が創設されたことによって、民間事業者、つまり株式会社が介護に参入できるようになりました。医療の場合は、いまでも株式会社は参入できませんから画期的なことでした。

本質的には営利を追求し、自立経営することが必要な株式会社を介護の世界に入れていくことについては、厚労省内でも非常に激しい論争があったようです。難しい政策判断ではありましたが、結局は民間に参入してもらったほうが介護の質的にも量的にも見合うものになるはずだという判断となり、実施されたのです。

先に述べたように、介護事業者は求人を出せば出すだけ人がやってきたという時代を長く過ごしてきたため、どうやって人材を確保するかということをあまり考えないでいました。近年は、急に人材に苦労するようになったので、急いで人材採用について工夫しているところです。かつては人をあえて定着させないような事業モデルだったので、その点でも非常に変化しています。

介護の目的は自立と尊厳

そもそも介護の目的とは何なのでしょうか。ここに私たちが考える大きな問題が横たわっています。

介護という言葉は、介助と看護の合成語として生まれました。その目的としては一般的には、「自立の支援」と「尊厳の維持」の2つが主な柱です。この2つは介護保険法にも明記されています。

ところが、この「自立の支援」と「尊厳の維持」は人によって捉え方が違います。抽象的、哲学的な概念であるため無理もありません。何をもって自立とするのか。リハビリやトレーニングをして、自分で歩けるようになるのは自立と言えますが、では、認知症の高齢者にとって自立とは何なのか。歳とともに衰えていくさまざまな身体的機能を半ば強制的に維持向上させ、自立を強要することが意味あることなのかどうかは十分に考えなければなりません。

もちろん、自分のことは自分でできることが自立の基本ではありますが、それをどう捉えるのかは一概には定義できません。自立といっても身体だけでなく、精神的な側面や、生活面も考慮する必要があります。

「尊厳の維持」についてもさらに奥深い議論が必要です。そもそも人間にとって尊厳とは何を指すのでしょうか。その人のプライドを維持し、アイデンティティを担保し、その人らしい生き方ができるということかもしれません。しかし、それが具体的にどういう状態を指すのかというと、個々の人の人生観や死生観の問題になってきます。それを支える技術的なメソッドを確立することは論理的には可能かもしれませんが、いまはまだ存在していません。

介護の目的、あるいは生み出す価値について、私たちは常に考え続け、追求し続けなければ、問題の本質に迫ることはできません。

介護を理由とする離職は日本経済を揺るがす大問題

加えて、介護を理由とする離職についての国の中での政策としての優先度はまだまだ低いというのが私（武内）の認識です。それでもここ1、2年はようやく認識が広がって、さまざまな緊急対策が打たれ始めてはいます。

働き盛りの世代に介護離職されてしまうと、社会的・経済的損失は極めて大きいものがあります。最近、子どもを預けられないと親が働けないので、保育所の待機児童をゼロにする政策が盛んに進められていますが、それとも似た課題です。言わずもがな、介護も保育も男女の区別なく、全員で担うべき課題であり、一部の人の犠牲や頑張りだけに押し付けるわけにはいきません。

人材の不足という点についても、保育士は現在7～8万人足りないというレベルの話ですが、介護職は38万人足りなくなるという話ですから規模が大きく違います。それに少子化の中で、保育所不足のピークは近いうちにきて、しだいにおさまっていくとも予想されます。これまでボリューム層だった団塊ジュニア世代の子の多くが就学していく年代に差し掛かっているからです。

しかし、介護問題はこれからがピークです。やはりボリュームの多い団塊ジュニア世代がこれから老いて亡くなっていくまでの今後35～40年ぐらいは問題が続きます。ですから、本来、介護に対する認識はもっと高まらなければなりません。

日本は「介護先進国」になれる

現在、日本の要介護認定者数は約660万人です。本来は、660万人分のデータ（要介護度・男女・年齢・バイタル情報・疾病・身体的機能・精神的機能・家族の状況・認知機能などなど）が集積可能であり、その人たちにどういうケアプランをつくって、どういうケアを、どれだけの期間、実施した結果、どうなったかというビッグデータを得ることができるはずなのです。すると、「こういう状態の人にはこういうケアを提供するのがベター」ということが、ある程度、推測できるようになるはずなのです。

しかしながら、それらの情報集積はまったくできていないというのが現実です。その理由の1つは自治体などの行政のデータベースと事業者のデータベースがつながっていないからです。つながっている唯一の情報は、国民健康保険団体連合会（国保連）という介護報酬の請求情報のみです。いうまでもなく、収入が入るには、民間企業であろうが社会福祉法人であろうが、介護報酬の請求はどんな施設でも行うからです。

もう1つの理由は、もとの介護の記録などが手書きと印鑑という紙文化で行われていたからです。厚労省が介護保険に関する書類は、紙以外は認めないという方針で長らく進めてきたのです。

本来は、介護事業所と市区町村・都道府県・厚労省をすべてオンラインでつなぎ、データベースを共有しておくべきでしたが、介護保険制度自体がまずは制度の発足を急いだため、そこまで手が回らず、介護報酬請求システムの開発販売会社（ベンダー）が各自でシステムを開発し、そのデータベースにはベンダーロック（他者のシステムを使っている事業者との情報連携ができない）をかけてしまったため、介護事業所と行政機関どころか、介護事業所同士の情報連携すらままならない状態になってしまいました。

介護事業所と行政機関の情報が横断的に連携できていれば、介護事業所に蓄積されたデータを行政機関が解析し、その結果を介護事業者にフィードバックすることで、介護サービスの質的向上を劇的に促進することが可能になると同時に、現在行政機関の職員が行っている実地指導・監査、要介護認定などの事務機能も、データに基づいてより効率的に行うことが可能になります。

そうした中で、２０１６年から、介護業界をＩＴ化してデータを集め、ビッグデータを解析して本当に効果的・効率的な介護とは何かを明らかにしようという動きが始まっています。しかしながら、それらはまだ端緒についたばかりです。一応、2020年までにはそうしたデータベースがつくれるようにしようという動きがあります。しかし、これまでの紙ベースのデータをどうするかなどの問題は残されます。

チェース（CHASE：Care, Health Status & Events）という略称を付けて、2種類ぐらいのデータベースをつくろうとしていますが、意味あるものになるか、どこまで浸透するかはまだ不透明です。

どの業種でもそうですが、ベンダーは自分たちがつくったものをスタンダードにすることで、顧客を囲い込みたいと考えます。他社と情報共有して互換性のあるものをつくろうという意識はありません。自分たちが得たデータを加工してビジネスにつなげようとするので、外部には基本的に情報を開放しないのです。

介護事業所と行政機関がデータベースを共有し、要介護高齢者660万人分のデータがきちんと集積・解析され、それが事業者にフィードバックされる体制さえ構築されれば、日本は世界の中で介護先進国になり得ます。その潜在的な可能性を秘めたままにしておくことはたいへんもったいないことです。

明日、突然来る「親の介護」に備えるために

「自分の親はまだ元気だし、介護はまだ先の話」と思っている人は多いかもしれません。しかし、誰にとっても介護はそれほど遠い未来の話ではないということをここで述べておきたいと思います。

特に、首都圏では介護需要に人材の供給が追いつかないことが深刻な問題になってきています。介護人材の話はまったく他人事ではありません。

たとえば、脳梗塞や脳溢血など、脳血管障害の場合、一気に要介護状態になることがあります。脳梗塞から1週間後には要介護5の親を抱えることになることもあり得ます。そうなったとしても、すぐ特養に入れるかというとそういうわけにもいかない場合もありますし、かといって在宅介護するにも担い手がいないということもあり得ます。

脳血管障害は早い人だと30代でもかかる可能性があります。歌手のKEIKOさんは39歳のときにくも膜下出血を起こして、高次機能障害が残りました。最近は、若年性認知症の人が増えてきているという現状もありますから、自分の介護という意味でも他人事ではありません。

若年性認知症だと40代に発生することはもう当たり前になりつつあります。「最近、物忘れがひどいな。老眼にもなってきているし、歳かな」といってだいたい片づけてしまうのですが、ある程度、進行してから病的なものだと気づくのです。

会社で上司から言われたことを覚えられなくなっていたり、注意されたりすることが増えてきた、あるいは納期が守れなくなってきたといったときには、すでに認知症がかなり進んでいるということがあり得ます。

ですから介護は若い人にとっても決して他人事ではなく、明日にでも親や自分の身に起こることなのだという認識をもってもらいたいと思います。

これからは、40歳で介護保険に加入する時点で、介護に関する基本的な知識、認知症に関する基本的な知識などを合わせて学習することが必要だと考えます。そのための機会を企業や自治体が作っていくことが肝要です。

ともかく、介護に対する社会全体の認識を高めることで、介護人材を確保し、介護事業者の改善を促し、介護全体をよい方向に推し進めていくことが必要です。

第1章
人手不足で介護業界が壊れていく

〝黒字倒産〟が常態化する

介護業界の人材不足が深刻の度合いを深めていることは、さまざまな現象から見てとれます。ただでさえ、大変な仕事という印象の強い介護職であるのに、あらゆる産業で人手不足になっている状況が追い打ちをかけています。そのため、黒字経営でも人材が集まらずに閉所せざるを得ない事業所が昨今、出始めています。

とくに首都圏近郊で顕著です。実は、高齢化はもともと人口集積地でない地方都市から始まっていて、そうした地域では、今はピークを過ぎて高齢化率が下がる局面に入ってきています。東北や山陰地方などがそうです。

こうした地域の介護施設はベッドが余り始めています。人件費を抑えるなどして内部留保が貯まっている場合、「蓄積した経営ノウハウを生かして東京に打って出よう」といって進出する事業者もいます。ところが、地元のように介護職を採用できずに非常に苦戦しています。人材マーケットが地方と首都圏でまったく事情が違い、採用ノウハウがないため人が集まらないのです。

地方都市では、介護はいまや貴重な基幹産業です。他産業があまりないので人材を取られる競争相手がいません。しかし、首都圏では他産業が大きな競争相手となって立ちはだかりますから、大都市は大都市なりの採用ノウハウがなければ人は来てくれません。

だからといって、介護報酬の地域差は少なく、難しい現状にあります。地方都市よりも東京のほうが生活コストは高いのですから、本来は大きく差をつけてもいいはずですが、東京でも地方都市でも同じ作業をすれば基本的には同じ介護報酬（地域区分というもので20パーセント程度の差はあります）です。ただ、給与として介護職に支払うときには他産業に対抗しなければなりませんから、東京では高い報酬にする必要があります。しかし、政治的にも地域差をつけていくことは容易ではないでしょう。

施設として収入となる介護報酬は基本的に同じなのに、人件費は比較的大きくなりますから経費が膨らみ、大都市では経営的に厳しくなるのです。

東京での介護職の有効求人倍率は3倍ですが、夜勤ありの介護職募集となると10倍以上に跳ね上がります。入所施設に夜勤はつきものですから、人材を確保するには賃金を高く設定する必要があります。

経営的に黒字でも倒産するし、運よく人が集まっても経営的に苦しいというのが、大都市部の介護事業者の現状です。

介護職員の基本給＋諸手当、地方公務員の給与＋諸手当

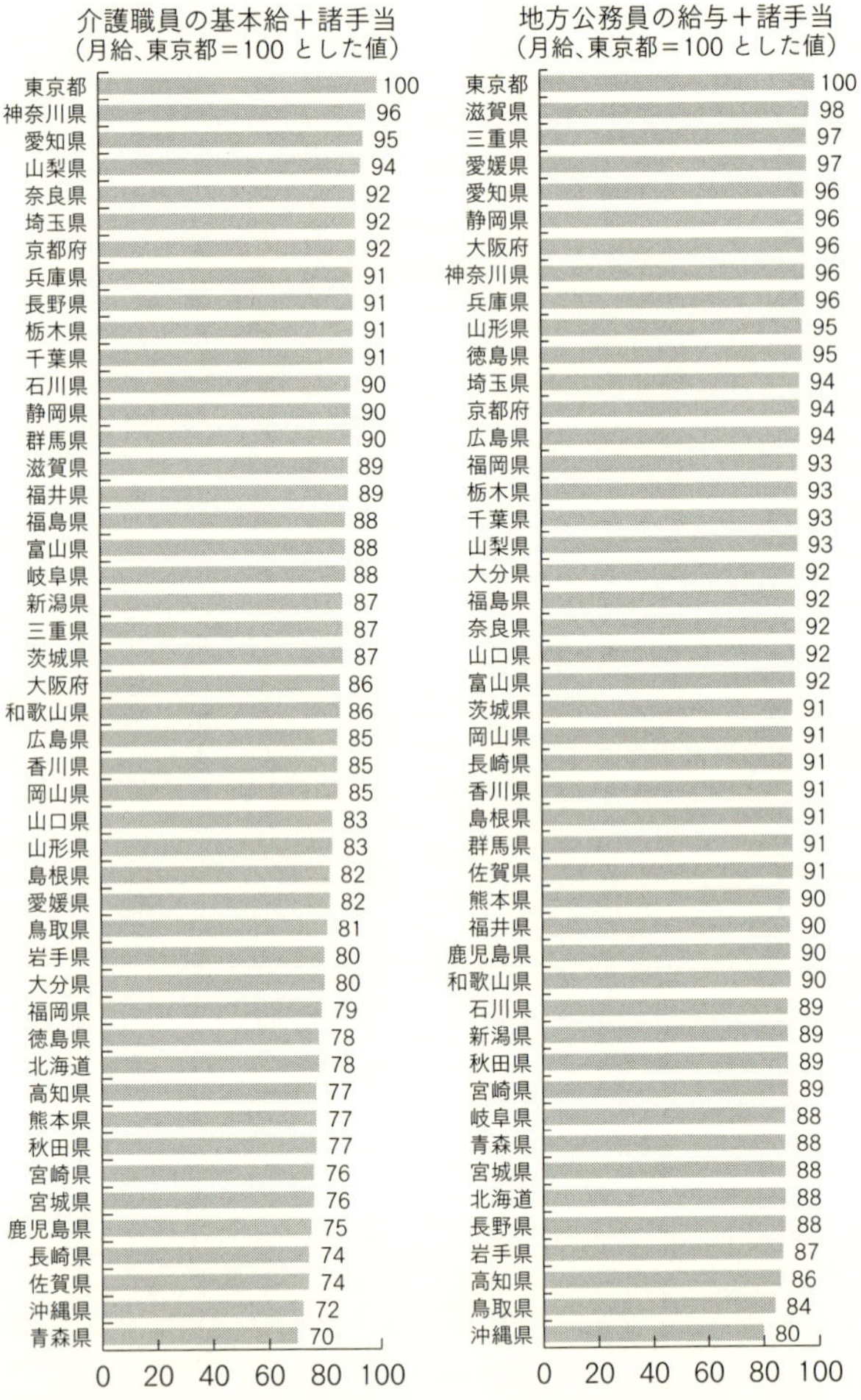

【出所】平成25年度介護従事者処遇状況等調査より

【出所】平成26年地方公務員給与実態調査より

介護分野における人材確保の状況と労働市場の動向
（有効求人倍率と失業率の動向）

○介護分野の有効求人倍率は、依然として高い水準にあり、全産業より高い水準で推移している。

有効求人倍率（介護分野）と失業率
【平成16年～28年／暦年別】

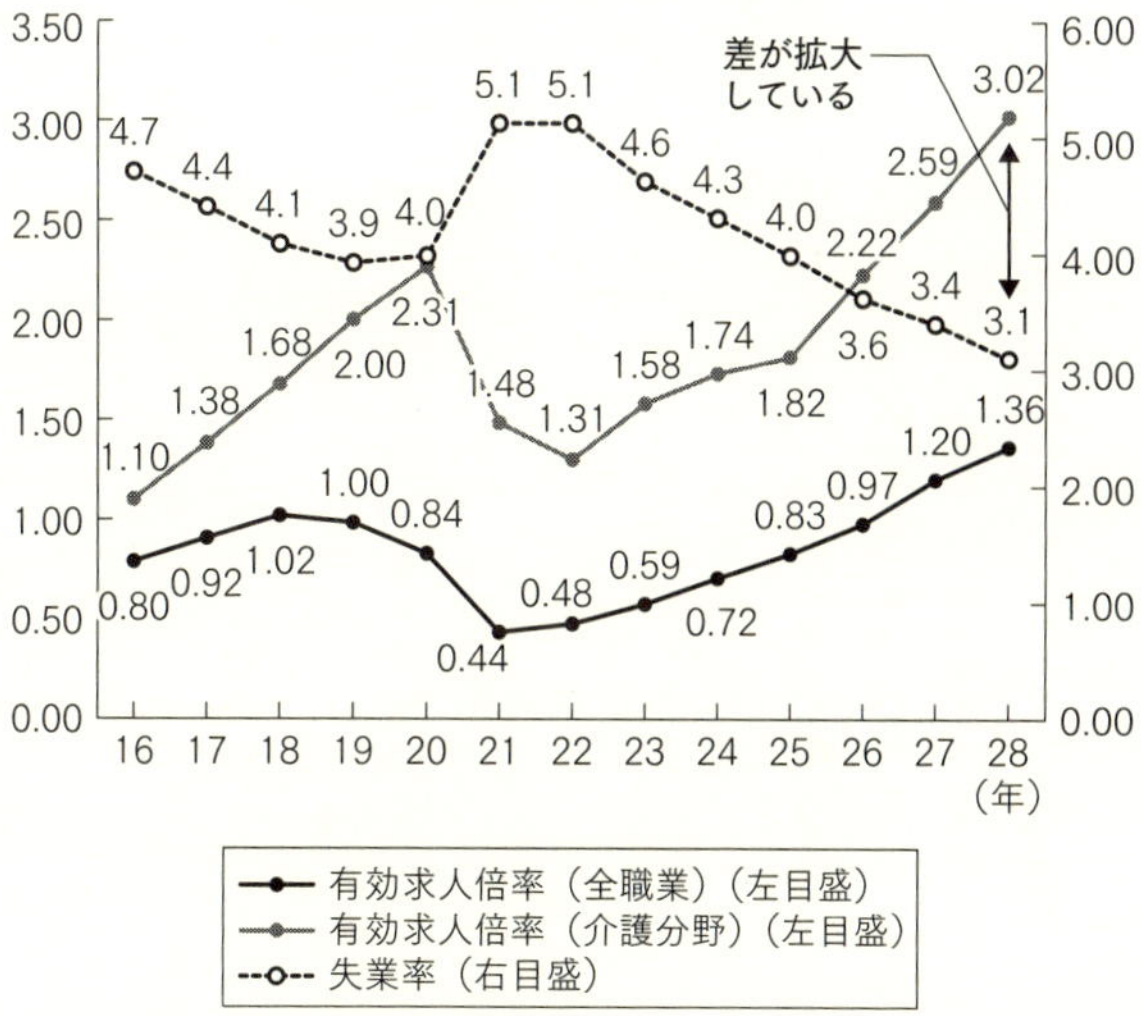

注）平成22年度の失業率は東日本大震災の影響により、岩手県、宮城県及び福島県において調査の実施が困難な状況となっており、当該3県を除く結果となっている。
【出所】厚生労働省「職業安定業務統計」、総務省「労働力調査」

3K職場のイメージが定着した介護職場

介護業界で働く介護職のイメージが悪いことが、人材不足に拍車をかけています。

2000年代後半に「NHKスペシャル」などテレビメディアで介護業界の労働環境がいかに劣悪であるかというドキュメンタリーがたびたび流されました。「介護保険が始まってしばらくたったけれど、どうやらあまり状況はよくないぞ」というわけです。

そこで強調された介護職のイメージは、「きつい」「汚い」「給料が安い」の3Kです。

社会がうっすらと持っていた介護職に対するイメージが、こうしたメディアによる喧伝で増幅され、すっかり定着してしまいました。

そうしたイメージに対して、働く介護職の人々には反論する余力がないし、自分たちの仕事のすばらしさを発信することは、当時も今もあまりありません。

これに関してはメディアの罪が深いと考えています。メディアは常に、介護職は暗くて、汚くて、きついゆえにかわいそうな職業であるという構図に落とし込んだコンテンツを作成したがります。

うがった見方かもしれませんが、介護職という悲惨な職業集団がいるということを一般のサラリーマンに知らしめて、溜飲を下げるためのツールにしているとさえ感じることがあります。それを読んだり見たりした人は「自分はまだましだな」と思ってほっとするわけです。言い過ぎかもしれませんが、人は、自分より下位に位置するものがいることを確認することで相対的優越感を持ちます。そう感じるほど、現場の介護職の人々は悔しい、やるせない思いを募らせています。

それに、メディアは給料の話が大好きです。つい反応してしまう人は多いのではないでしょうか。私たちがつい反応してしまうのは、やはり自分ではそう思っていなくても潜在的に、自分より「きつくて安い給料をもらっている人々」を確認して「自分の今の状態は悪くない」と思いたい性分を持ち合わせているということかもしれません。これは、介護職という仕事の魅力を社会全体で理解し合い、そして相応のプライドを持っていくための大きな壁になっている、というのが私たちの実感です。

残念ながら、こうした社会の雰囲気がさらに介護職から人を遠ざける要因になっています。

SNSに救いを求める介護職たち

社会に「3K職場」というイメージが定着してしまったので、当の介護職の人たちの中にも後ろ向きになっている人が非常に多くいます。

フェイスブックには現場の介護職が集うグループがたくさんありますが、その中のあるグループは1万人以上の登録者がいて、お互いに情報交換?をしています。そこでは仕事上必要な情報を交換するというよりはネガティブな意見ばかりが見受けられます。もっとはっきり言えば、愚痴のオンパレードといった状況です。たまったストレスのはけ口か、傷をなめ合う場として機能しているようです。

人間の性分として、自分が下位に位置していると卑下すればするほど、さらに下位の人を見つけ、あるいは引きずり下ろすことで自分のプライドを維持しようとする傾向があるようです。

現場の環境の不遇を嘆いた書き込みに対して、「そんなんだからダメなんだよ」と書き込む人が出てくると、さらに第三者が「いや、おまえみたいなのがいるからダメなんだよ」と反応し、「おまえは関係ないだろう」といった応酬が繰り返されるといったことがよくあります。そうしたSNSでは、より弱いものを見つけては気持ちを高ぶらせ、最終的には「バカ」「アホ」の罵り合いで、誰かが通報して終わるということが日常的に繰り返されています。

こうした書き込みを見ていると、介護現場の苦悩の深さを感じます。もちろん、介護現場で働いている人たちは多種多様ですので、そうでない人もたくさんいます。しかし、ひとつの現実として、そうした現象がみられること、かつ、その他の産業では働くことができない人々のセーフティネットとしての機能も果たしているということから目を逸らすことはできません。

履歴書の写真がプリクラ？

SNSを見ていてもわかるように、介護職には、あまりにも多様過ぎる人々がいます。あえて、介護職の人材の構造を大くくりに見渡してみるとどのような状況でしょうか。どの業界にも言えることですが、介護という仕事にものすごく前向きな人もいますが、それは全体の2割ぐらいのもので、ほかに仕事がないからやっているという人が同じ2割ぐ

介護職の三層構造

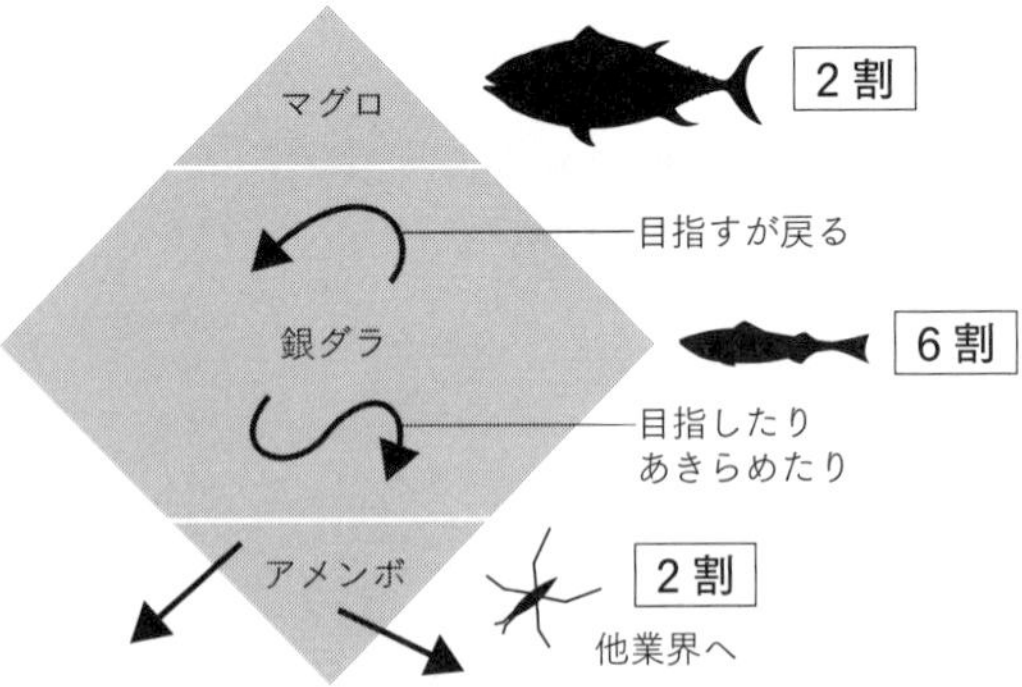

らいいます。そして、残りの6割がその中間という2：6：2の構造があります。

まず図の上の方にいる2割は介護に熱心で、プロ意識を持っている人です。介護の難しいところは、熱い人は熱い人で、その下の人がついてこられなかったり、あまりに独善的になるところがあって、かえって現場を混乱させることも多々あるということです。それでもなお、現場を変える力を持っている層といえます。常に精力的に動き回るので（いい意味で）「マグロ層」と呼ぶことにします。

その下の層は、とりあえず食べていくために介護を淡々とやります。介護を極めようなどとは思っておらず、かといっていつでも別の仕事に移っていってもいいとも思っていない。「目の前にある仕事を粛々とやっていきます」的な比較的淡泊な人々なので「銀ダラ層」と呼ぶことにします。

そして一番下の層は、とりあえず介護という世界の表面をつるつると動いているだけで、深入りしたくもないし、思い入れもない。何かあれば他の事業所、あるいはほかの業種にいつでも移って構わないというぐらいの気の持ち方でやっている「アメンボ層」です。

どの層に属するかの良し悪しというものはありません。そうした現状があるだけです。スキルの面と職業モラルの面と両方を見ても、あまりにも多様な人たちがいるというのが介護業界だということがわかります。おそらく、前述したフェイスブックのグループ1万人は銀ダラ層とアメンボ層が多くを占めるはずです。

介護人材がこれだけ多様な人の集まりであるため、採用、定着、教育といった面で各層の特徴に合わせた取り組みの方法を選び、実行するということがまったくできていないという課題があります。マグロ、銀ダラ、アメンボでそれぞれに採用、定着、教育に有効なやり方が違っているため、経営者はそこにうまく対応できていません。これだけ多種多様ですと無理からぬ面もありますが、そこが経営者として肝心かなめの部分でもあります。

たとえば、職場に定着してもらうための取り組みとして、ある層は賃金に訴えたほうがいいだろうし、ある層はやりがいに働きかけたほうが効果のある場合があります。これを適切に、必要なところに必要なだけ提供していくことは至難の業です。そのために定着もままならない現状となってしまっているのです。

私（藤田）が運営している施設で採用の募集をかけると、多種多様な人が応募してきます。実にさまざまな介護職の人に出会います。

たとえば、履歴書の写真としてプリクラが貼ってある人などを見ることも珍しくありません。また、最近はＳＮＯＷというスマホのアプリで加工した写真をプリントアウトして貼り付けている人もいます。どうやらＳＮＯＷというアプリで加工すると美人、イケメンになるからのようです。

「これってふざけてるの？」と聞くと、「え、何がですか？」という反応が返ってきます。ウィットではなく、本気でこれでいいと思っているのです。こういう人でも採用せざるを得ないぐらい、人が集まらないのが実情なのです。

これは介護職の方々を揶揄したいのではありません。現実にさまざまな人が存在している現状の一端をご紹介したかったのです。

達成感が得られにくい介護の仕事

どんな仕事でも、定着の要因として仕事のモチベーションが維持されることが重要ですが、それも介護の現場では難しい面があります。

医療の場合は、治療して治ったかどうか、傷病者の回復の具合が目に見えてわかります。ところが、介護の場合は要介護者の心身の状態が回復することはまれで、多くは「維持」です。

本来、機能が維持されたり、後退することが押しとどめられたら、立派な「介護の成果」に違いないのですが、それはとても目に見えにくいものです。身体的にはまだ見えやすいのですが、精神的にはとてもわかりにくいのです。目に見えにくいものを評価していくという物差しや方法論が、まだ介護の分野にはありません。

たとえば、最期の看取りの部分のケアでは、きれいなご遺体をつくることが介護職の達成感につながります。棺桶はジャストサイズにつくられているので、よくケアされずに体がこわばったまま亡くなると、なかなかすんなりと入ってくれません。しかし、よくケアされていれば何の苦労もなく収まってくれます。それを見た家族から、よくケアしてもらったのだなと感謝されます。ですから「きれいなご遺体をつくる」ことが介護職の達成感につながるのです。

これが介護保険の対象のうち、要介護1、2、3程度の軽度の人や、認知症を患っている人の場合ではまた対応が違います。身体的には介助を必要としていなくても、精神的な支援が必要ですが、そこが何をもって改善されたと判断すればいいのかわかりません。

認知症や、要介護4、5の人の場合のように、改善が見込めない人をケアしていった結果、何がよかったのかを検証することも大変難しいことです。自分が行ったケアが良かったのか悪かったのか、わからないまま仕事をするのは、介護職の精神面に相当な負荷をかけるに違いありません。達成感を短い時間軸で得ることができにくい仕事なのです。

世代間ギャップでモチベーションも得にくい

要介護者に対する意識の変化も働く側のモチベーションに影響しています。現場実感は次のようなものです。

介護保険制度が始まった2000年当時は、要介護者は大正や昭和初期の生まれの人も多く、明治生まれの人もかなりいました。この世代の人たちは戦争も経験して、日本の復興のために一生懸命に働いてくれた人たちばかりだったので純粋に尊敬できました。この人たちがいたからこそ、いま私たちが普通に生活できているのだと思えたので現場で介護の仕事をがんばれたのですが、いまは違います。

現在の要介護の高齢者たちは物心ついたころからすでに食料の心配をすることがなく、時代的にも高度経済成長の時期を働き盛りとして謳歌してきたので、非常にプライドが高い面があります。権利意識が強く、介護職への要求も高くなりがちです。そうなると、介護職の人からすると、「プライドばかり高くて扱いにくい」「わがまま」と感じてしまうのです。

そうした理由もあって、介護職として働きたいと本気で考えている人材は、高齢者施設から障害者施設のほうに流れています。

介護施設では募集をかけてもなかなか応募がないのに、障害者施設では求人の10倍の応募があることなどザラです。障害者施設での仕事のほうが職業的なアイデンティティが確立されているからだと思われます。

障害者施設で働いていると、「大変な仕事をしている」「素晴らしい仕事をしている」という理解を周囲から得られやすい面があるのも事実です。介護施設では、高齢者から下に見られて、使われていると感じてしまうのに対して、障害児や障害者をケアするときには自分がケアを施すという一種の満足感が得られるというような、潜在的な意識が影響しているといったこともあるでしょう。

残念ながら、介護職の人の中には、障害者の多くの人たちは先天的あるいは不可抗力で、自分が選んでそうなったわけではない、けれど、高齢者は自分で好き勝手に生活した結果でそうなったのではないか、と考える人もいます。運動もしないで好きなだけ飲み食いして、自分のお金で介護してもらうならまだしも、生活保護でまた自分たちから税金を取るのかと考えてしまうのです。

介護職の中でも給与が低い人だと、生活保護費のほうが高額だったりします。すると、「なぜ自分よりお金を持っている人の介護を低い賃金でしなければならないんだ」と考えてしまうのかもしれません。そして、尊敬できない高齢者より障害者のお世話をしたいと考えてしまうのも理解できます。こうした考え方の是非は別として、それがひとつの現実です。

ただ、これは働く側の考え方の問題です。本来、介護は「それも人間だ」という考え方の上に立たなければなりません。

介護職に就くための勉強をするときに、必ずソーシャルインクルージョン（社会的包摂）という概念を学びます。これは、「すべての人々を孤独や孤立、排除や摩擦から援護し、健康で文化的な生活の実現につなげるよう、社会の構成員として包み支え合う」という理念です。高齢になれば誰でも人の手が必要になるという、社会的包摂の概念が忘れ去られてしまっているのです。一般社会を反映してか、人間の多様性を受容する許容範囲が狭くなってきているように思います。

そうした社会の移り変わりにあらがって、他者の尊さや厳かさに対して敬意を持ち、ケアをする。それが人間であるうえで欠くことのできない営みなのではないでしょうか。それを今の時代も体現できるのが介護職の一つの醍醐味でもあります。

悪貨が良貨を駆逐する

介護職として働いている人たちが、人生計画における未来の展望を持てていないのではないかという懸念があります。

その根源的な理由として、現在の介護職は、社会的なステータスと経済的な評価との両面が確立されていないということが挙げられます。

社会的なステータスの面では、介護というものがプロフェッショナルとしての学問体系として医学のように確立されているわけではありませんし、キャリアパスとして、勉強していくと専門職になれるといった道のりが確立されてもいません。

さらに加えていうと、3K職場的なイメージが定着してしまっているため、就業を躊躇することもあります。情熱を持って入職してきても、将来を見通せないのではないかという不安があります。

経済的には、最近少しずつ報酬引き上げに向けた制度的な努力はなされてはいますが、それでも仕事の大変さに比べてまだ低いと喧伝されることもあり、ずっと介護職として働き続けられるのかという不安もあります。

それに施設長などの役職に就くチャンスが限られていると、それに応じて給料が上がることもイメージしにくいということで、将来的な見通しができにくいというのも介護職への就業をためらわせる要因となっています。

先に述べたように、介護職の８割が銀ダラ層とアメンボ層で占められているため、マグロ層がいくら活躍したとしても、介護職全体で見ると、イメージはあまりよくないというところに落ち着いてしまっています。

そうしたイメージがよくない業界に来る人はモチベーションも低く、専門知識もない人がどうしても数多くなってしまうので、「こんなはずじゃない」という不満を膨らませてしまいます。

それを聞いたマグロ層の人が「こんな人たちとは一緒にやっていられない」と、やる気と情熱のある人もそれを削がれてしまうこともあります。結果、悪貨が良貨を駆逐することになってしまい、悪循環になってしまうのです。

私（武内）が講演でこのような状況を多少辛辣な言葉で述べても、聞いている経営者や介護職の人たちは、おおむねマグロ層なので納得してくれます。要はそういうセミナーとか勉強会にも来ない人たちの意識改革が進むことが必要なのですが、そもそもそういう人はセミナーや勉強会には足を運んでくれないのです。

若者は「乗っ取る」くらいの気迫で介護に就職せよ

介護職のキャリア形成が見通せないことも、介護職の人気がないことのひとつの要因であることは先に述べました。

施設を運営する社会福祉法人の中では、管理職になったり役員になったり、経営者になったりするというキャリアアップの道がそれほど開かれていません。介護施設は社会福祉法人が同族経営をしているケースが多いからです。介護施設のうち、9割以上が社会福祉法人の運営によるものです。

社会福祉法人の場合、多くの施設で主要なポストは、理事長の親族でほぼ占められていることが珍しくありません。私（藤田）が介護職として働き始めた施設は社会福祉法人でしたが、年に一回の昇給は1000円、2000円といったレベルでした。社会保険料の増額分がそれを上回る額なので、手取りが毎年減るという状況だったのです。

私の場合はたまたま勤めた社会福祉法人の内紛がひどい状態だったので、親族がどんどん辞めていき、偶然、退職するまでの間に事務長まで昇進することができましたが、本来こうしたことはあまりありません。

ポストがなかなか空かないと、キャリアパスにおいて天井をつくってしまうことになり、優秀な介護職、特にマグロ層ががんばっても管理者層、経営者層になれず、モチベーションの減退を招きます。

厚労省は介護保険システムの持続可能性を高めるために保険料を引き上げたり、サービスを効率化したり、さまざまな手を打って保険制度がつぶれないように苦心しています。それはそれで大事なのですが、いくら保険制度があって施設が整備されたとしても、人材がいなければサービスを提供することはできません。

いま介護職は年に20万人も介護業界から流出しているという現実があります。

キャリアがすぐに天井にぶつかってしまうことが見えていれば、仕事のモチベーションは上がりません。それは同時に給与の頭打ちを意味するからです。給与が増えていくことが想定できなければ、結婚もできない、子どももつくれないという悲観的な思考のスパイラルに陥ってしまいます。

そんな業界に、私（藤田）は、「若者は狙いを定めて就職したほうがいい」と言っています。過激な言い方をすれば、「乗っ取るぐらいの志を持って入ったほうがいい」と言っています。なぜなら、上述のように、介護業界の経営者、責任者、現場職員ともに他産業と比較して経験値やスキルが低いことも多いので、若者が狙いを持ってチャンスのある介護事業者に就職すれば、あっという間に出世し、他産業に就職するよりも良いポジションと良い賃金をもらうことが可能だからです。優秀な新卒にとっては、ブルーオーシャンと言っても過言ではありません。過激な表現ですが、事業所や法人、業界を自分がリードしていくというくらいの気概を持ってチャレンジするとエキサイティングな職場に変わっていきます。

介護職はもっと政治力を持てる

介護職にも日本医師会のような職能団体があります。職能団体とは、医師でいえば日本医師会、看護師でいえば日本看護協会というように、自らの職業的な権利を守る団体で、職業としての問題点の改善や将来の見通しを示すなど、大事な役割を果たすべき機関です。

介護の職能団体は、日本介護福祉士会です。

ところが、日本介護福祉士会は介護福祉士の定義づけや方向性がまったく示せていません。介護福祉士としてのアイデンティティが確立されないまま、ズルズルとここまで来てしまいました。介護福祉士自身でさえも自分たちは何者なのかがよくわかっていないのです。

ただ、それも無理はないという生い立ちの不幸はあります。

介護福祉士という資格は国家資格で、資格がないと名乗れない（名称独占）のではあるけれども、資格がないとやってはいけない業務がある（業務独占）のではない中途半端な立場として誕生しました。ここが医師などの職種との大きな違いです。介護福祉士の資格を持っているからといって本当の意味での高度な教育が必要だったり、何か他の介護職と給料の面で大きな格差があったりということはありません。資格の有無による給与格差は極めて僅かです。

実は、厚労省の旗振りによって、介護福祉士と社会福祉士の2つの資格ができました。働いている人や業界、あるいは現場から必要とされて生まれた資格ではないため、理念が必ずしも確立しきれていない面があります。

本来は、「学問的にこういう体系があるので、それを裏付けるためにこういう資格が必要だ」というバックボーンがあってしかるべきですが、資格ありき、でつくられた資格という致命的な欠点があります。

それゆえなのか、たとえば東京でいうと介護福祉士会の組織率（加入率）は４％程度です。加入率が上がらなければ、制度や予算を動員する、いわゆる「政治力」もありません。たとえば、介護福祉士が業務独占できる仕事の分野をつくって報酬を上げようと企図しても、おそらく加入率一桁台の組織の発言に誰も耳を傾けようとはしません。

組織への加入率が上がらない理由は、介護を一生の仕事としてとらえることができていないということもあるでしょう。ずっと介護の仕事を続けようと思えば、待遇をよくするために政治力が必要というのは理解できるはずですが、いつまでやるかわからないという意識でいれば、会費を払うのがもったいないと思ってしまうのもしかたありません。

また、そもそも、日本介護福祉士会というものが力を持つことで何ができ、それが自分たちの生活にどのようにつながってくるのかということを理解していません。介護職の政治リテラシーの向上も必要です。

やや、辛辣なことを述べましたが、それだけ日本介護福祉士会にはしっかりと職能団体としての役割を果たし、介護業界を引っ張って行ってもらいたいという期待があります。介護現場では約１８０万人もの介護職が日々働いているのですから、職能団体がまとまって制度や政策に影響力を及ぼしていくことを考えていくことが必要なのは言うまでもありません。

この件を含め、これからの介護現場を改善していくための方策としては6、7章で詳しく述べていくことにします。

第2章
ガラパゴス化する介護人材確保対策

「今後7年で80万人確保」という高すぎるハードル

厚労省が将来的にどれくらい介護人材が不足するかを推計したところ、２０２５年には約２５３万人必要、つまり現時点から70万人増やさないといけないという結論になりました。推計当時のペースでいけば２１５万人までには増加するだろうと見込まれており、それでも38万人足りないことはすでに述べたとおりです。

日本全体の労働力人口も減って、各業種でも人手不足感が高まっている中、新たに純増として70万人増やすというのは今の時代では相当困難であるといわざるを得ません。オリンピック後には介護業界に人が流れてくるかもしれませんが、それが日本の景気後退によるものだとすれば、それを期待してはなりません。

また、介護人材をめぐっては、「粗製乱造でもいいから介護の世界に入ってきてもらうというのはいけない、質が保たれないとよいケアはできないのだ」という議論と、「そうはいっても実際問題として量が保たれないと施設が回らないのだから、質には目をつむって量を確保することに注力すべきだ」という二項対立的な議論が繰り返されてきました。

具体的には、初任者研修や生活援助などをする人の研修レベルを下げたり、研修時間数を減らすなどして、ハードルを低くすることによって多くの人に仕事についてもらおうという考え方と、誰でもいいというのはよくない、ちゃんとふさわしい内容になっていないとダメだから、研修や教育もそれなりのレベルを確保しなければならないという議論が同時に存在しています。

たとえば、ベテランの介護福祉士をある一定％以上雇用した場合には「加算」を出しますという介護報酬制度と、介護未経験者を雇ったら「助成金」を出しますという労働制度がパラレルで施行されています。

実際にはすでに介護業界に入ってきた人の中もかなり玉石混交であるにもかかわらず、建前論としてはやはり質を確保しないといけないという主張も非常に根強いので、この調子でいくと、思い切った打ち手なしには、70万人を新しく雇い入れることはできないのではないかと考えざるを得ません。

総花的な政策ばかりでは何も変わらない

政府は総花的な施策としてはありとあらゆることを行っています。たとえば、新規入職者を増やすためにイメージアップの予算を付けてみたり、離職防止のために職場改善のための補助金をつくってみたりといったことです。

介護職を辞めてしばらくした人が登録できる人材バンクのようなものをつくってみたり、復職の支援の相談や、手軽な研修制度をつくってみたりなど、キャリアパスをつくるための補助金を出すといったことも進めています。

このように、政府は苦心して、いろいろと手を打ってはいるのですが、どれも隔靴掻痒の感は否めません。補助金を配ったからといって経営者が変わるわけでも、現場がそれほど変わるわけでもありません。何より業界自身が覚醒しなければならないのですが、施策はその起爆剤となり切れていない面があります。

政府の立場では、問題がこうして深刻になればなるほど、国会などありとあらゆるところでどんな対策を行っているのかと政治家から問われることが多くなります。そういうときに、さまざまなメニューがこまめに用意されていたほうが、根本的な改革を打ち出すより、「いろいろやっている感」が出ていいのです。こうした課題には、〝魔法の杖〟はありません。したがって、小ぶりでも、目配りの利いた対策をあれこれ工夫せざるを得ません。ただし、それが、社会や政治家への言い訳となってはなりません。根本的なところまで理由を深掘りし、そこに対応できる方策が必要となります。課題は待ったなし、ズルズルと手をこまねいているわけにはいきません。

外国人だけに日本人の介護は委ねられない

国内の人材をかき集めても到底見込みが立たないということで、外国人労働者をどんどん受け入れようという議論があります。

外国人が入ってくれば問題ないだろうとなんとなく考えている人が業界外部だけでなく内部にも相当います。実質的な〝移民〟を進めるために、介護分野を大義名分にしようという気配も感じます。しかし、外国人はせいぜい数千人規模の話と予想されますから、まったく次元が違うことを認識することがまず必要です。

さらに言えば、介護イコール外国人の仕事というイメージができてしまったとたんに、ただでさえ来ない日本人がさらに就業してくれなくなる可能性があります。安易に外国人活用に頼ることはあってはならないことです。

数合わせではなく、能力のある人に思う存分日本で活躍してもらうというのは前向きな議論ですが、安直な依存はダメだということです。

それに、こういう話になると、東南アジアの途上国の人々はみな日本に来ることに憧れていてどんな仕事でも喜んでにこやかにやってくれるかのごときイメージが私たち日本人に染みついているのではないでしょうか。外国人が日本に喜んで働きに来る時代は終わりました。昨今、働き先としての日本の魅力はどんどん低下しているのが現実です。

実際、ベトナムで現地の人の話を聞くと、第1希望はイギリス、アメリカ、オーストラリアといった英語圏グループになるようです。そうした地域は、圧倒的に賃金が高いからというのが人気の理由です。それに語学研修なども手厚いというのです。

フィリピンは英語が公用語ですから、多くの人が英語を話せるため、語学研修の必要のないアメリカやオーストラリアが選ばれているようです。

日本は2番手グループですから、実際に日本に来る外国人はもはや消去法で選んでいるにすぎないのです。

それに、コミュニケーション能力が必要な介護の仕事は、工場でラインを回したり、コンビニでレジ打ちしたり、ラーメン店で注文を取ったり、畑でレタスを収穫したりといった仕事とはわけが違うということも認識しておかねばなりません。

特に認知症の人の介護をする場合は、コミュニケーションが欠かせないというより、一般の日本人よりも一段上のコミュニケーション能力が求められますから、介護の仕事は外国人にとってハードルは低くないのです。

日本人であれば、同じ日本人に対してシンパシーを感じることもあるでしょうが、外国人にそれがないとすると、虐待の危険性が増すかもしれません。また、日本人介護職さえ大事にできていない状況のもとで、外国人の方々を大量に受け入れると、アンチ日本、アンチ日本の介護、を生み出すことにもなりかねません。他方、介護現場では、職員に対するセクハラやパワハラの経験が7割近くに上るというデータもあります。現状のまま、介護の世界に外国人に入ってもらうことは、この問題を増幅させるおそれもあります。外国人への安易な依存には慎重であるべきだという出発点は大事にすべきだと考えます。

やはり日本人の介護は基本的に日本人が行うべきというのが基本線であるべきです。そのための努力の余地はまだまだあるはずです。

食事づくりから看取りまで行う介護職

一口に介護といってもサービスに濃淡があります。重度な障害があってほとんど医療に近い世界から、一緒に買い物に行ったり、調理したりといった生活支援まで非常に幅広いものがあります。

デイサービスでレクリエーションをするのと、特養でターミナルケア、看取りをするのとではまったく別の仕事といっていいでしょう。そうであるのに「群盲象を評す」ように、介護という仕事を十把一絡げに論じると実態が見えなくなります。

介護職には基本的に施設で働く人と、利用者の自宅に訪問して働く人がいます。

たとえば、訪問介護員は基本的にはマンツーマンで、他の人の助けは得られません。身体介護としてトイレやお風呂の介助を行ったり、生活援助として買い物をしたり料理もつくれなければなりません。さらには、医療的な終末期のターミナルケアを支えることも当然あります。訪問介護員ひとつをとってもこれほど幅広い業務があるのです。

そもそも介護人材も介護サービスもどちらかというと、場所で分類しています。特別養護老人ホームや有料老人ホーム、グループホームなど、場所が違っても介護職としての仕事はほとんど同じということもあれば、逆に同じカテゴリーの施設であっても仕事としてはまったく異なるということもあり、どんな施設に就職すればどういう仕事ができるかが、大変わかりにくいのです。さらには、同じ施設の同じ介護職でもやることが全然違うということさえあります。

デイサービスセンターと特養を同じ社会福祉法人が運営していることがあるので、人材を共有することがあります。すると、デイサービスで就職した人が、「来月から特養に行ってね」ということが普通に行われているのです。ところが、デイサービスと特養ではまったくやることが違います。

こうした状況はこれから働こうという人にとって、非常にわかりにくい状況です。入る前もわからないし、入ってからもわからないという人が多いのではないでしょうか。

医療なら診療科や病棟の役割の違いがありますが、介護は内容や専門性に基づいて細分化されておらず、包含的に大きな「介護」という枠でくくってしまっているからです。そのため、介護というと、ホームヘルパーをイメージする人もいれば、老人ホームでおむつ交換ばかりしているようなイメージもあれば、少し知っている人でも「デイサービスでレクリエーションをする仕事」というぐらいの認識しかないという状況になっているのです。

ここで再び、イメージを持っていただくため、大まかに、主なサービス利用者の特徴を紹介してみます。

①特別養護老人ホーム
●要介護度：3～5
●年齢層：80歳以上
●所得層：低所得者層
●医療依存度：軽～中

②有料老人ホーム
●要介護度：自立～5
●年齢層：65歳以上
●所得層：中～高所得層
●医療依存度：なし～高

③グループホーム
●要介護度：1～4
●年齢層：75歳以上
●所得層：低～高所得層
●医療依存度：なし

これまでかなり生々しい現場の声や思いを紹介しながら見てきたように、介護業界の裏側にはさまざまな整理し切れていない問題が山積みになっていることが理解いただけたのではないかと思います。ですから、小手先の対策では問題は解決しません。

どの業界も鵜の目鷹の目で労働力を求めているのですから、ただでさえ構造的な問題を抱えている介護業界が、他業界と競合しながら人材を確保していくには相当大胆な手を打たなければなりません。問題の難しさを述べてきましたが、そこで立ち止まっているわけにはいきません。

2018年現在、要介護高齢者660万人で、高齢化率28％です。27年後の2045年には高齢化率は約40％まで上昇します。ちょうど第2次ベビーブーム世代だった私たちが70代になる年です。その時を見越した対策を、いますぐ打つ必要があるのです。

第3章

介護は知性と感性とコミュニケーションが必要な仕事

「人材」と「人手」を混同してはならない

介護は誰でもできる仕事と思われがちですが、これこそが大きな間違いです。介護職を単なる「人手」としてではなく、「人材」として捉える必要があります。

人材とは「人才」「人財」とも言われ、才能があり、宝となる人であるという意味が込められています。とても役に立つ、替えの効かない人……それが人材です。

一方で「人手」というときは、人の手でさえあれば誰でもいい、替えの効く仕事をする人というニュアンスがあります。

介護施設の関係者を集めた講演会でこうした話をすると、ポカンとする経営者がいます。これまで介護職を「人材」と捉えたことがなかったため、意味がわからないのだと思います。

私たちの実感としては、介護職を「人手」として捉えている経営者は8割、「人材」と認識している経営者が2割程度ではないでしょうか。現場で働く人の認識も同じようなもので、自分は替えの効かない「人材」なのだと位置づけている人は、それぐらいの割合でしかいないと思います。

だいたいどの業界でもそうですが、多くの人が基本的にはプロ意識を持って仕事をしているはずです。介護職は、他の業界に負けないプロ意識で働いているだろうかと問われると、果たしてどうなのか疑問です。

現場の介護職の場合は、まだヘッドハンティングされる人はごく少数ですから、多くの人は転職によってキャリアアップではなくキャリアダウンしてしまいます。要は介護職を2年やって現場主任になって辞めてしまうと、次の施設ではまた現場の介護職になります。また2年務めて辞めると、やはり現場の介護職から一からやり直しです。本来なら、長年積み重ねていけば、賃金も勤続年数に応じてアップしていくのですから、低賃金は次第に解消されていくはずなのです。

働く人自身が自分の仕事は尊いものであり、誰にでもできる仕事ではないのだという誇りをもって、専門性を高めていくことで賃金アップを図っていくという意識が必要です。

現状では労使ともに介護職は誰でもできる仕事と思っており、それが一般社会の認識として定着してしまっていることが問題です。

介護は奥深い、難しい仕事

介護の仕事は誰もが明日から簡単にできる仕事ではありません。

介護の仕事は基本的にはコミュニケーション能力が絶対に必要な仕事です。認知症になった人や、脳梗塞で意思疎通ができなくなってしまった人など、またそれを支えている家族だったり、周囲の人だったり、精神的に負担を負っている人たちとコミュニケーションをいかに取れるかによって、その成果が大きく変わってくる仕事です。

介護は多種多様な、ありとあらゆる人生と価値観を背負っている人たちに対して、どのパターンにも適応しながら、ケアをデザインしていく高度に〝知的〟な作業です。その対応力と適応性こそが、単なる家族介護とは大きな違いなのです。

介護は要介護者のことがよくわかっていないとできません。その人がどういう性格で、どういう経歴を持っていて、どんな趣味があって、どんな食べ物が好きかといったことを事前に聞いて、その人がどういう生活を送っていきたいのか、本人の希望になるべく沿うような介護にする必要があります。

利用者の経歴や希望を網羅的に聞いていくと、その人の人物像がだいたいわかってきます。すると、その人に対してはどういうケアを提供するのがいいのかという仮説がつくれます。その仮説をケアプランに落とし込んでいき、現場に周知して実際にそのケアを提供していくという流れができます。そうした類型づくりとあてはめの技術（プロファイリング技術）が必要です。

そして、結果どうだったかという振り返りを行い、うまくいった面といかなかった面を検証して、それがいったいなぜなのか原因を追及していき、改善したケアプランをつくる——というＰＤＣＡサイクル（plan-do-check-act cycle）を回していくのです。これができる人が現場にいる必要があります。しかし、ＰＤＣＡを回すという発想は不十分な現場も多いのです。

少し専門的となりますが、介護の専門学校などでは「非審判的態度」について学びます。要は介護をするとき、「あなたがいいと思うか悪いと思うかは関係ない」ということ。利用者の家族の話を、それが良い・悪いという価値判断は別にして聞きなさいということです。そこから推論して仮説を立て、プロファイリングして、その人物像を明らかにしていきなさいということを習うのですが、大概の人はこれができていません。

自分のこうあるべき、こうすべきという思いを現場に持ち込んでしまうのです。現場経験が長い人ほどこの傾向が強まります。こうなると、介護職の間で齟齬が生まれ、「あなたの考えは間違っている」「あなたのほうこそ間違っている」という、どこまでいっても平行線をたどるしかない議論に終始して人間関係が悪化します。

また、相手が話したくなるような環境づくりも必要です。何らかの話で場を温め、話しやすいような環境をつくるのが前段階の作業です。それも含めたコミュニケーション能力が必要なのです。

初対面の人には必ず心理的な壁が存在します。それを取り除いていく術を知っている人と知らない人だと、ヒアリングできる内容もまったく変わってきます。つまり、介護職もカウンセラーや精神科医と同じような能力が求められる仕事なのです。こうした能力は医者やカウンセラーでも難しい面がありますから、介護職は実は高度な知性・感性と対人能力を求められているのです。

エモーショナルな仕事のようで、本当は科学的であり、かつコミュニケーション能力が高くなければできないという、非常にハイレベルで知的な仕事なのが介護職だといえます。

命に係わる度合いが医療よりは少ないという点において医療より下に見られる傾向があるのですが、ある面では医療より高度な能力が必要だと言えます。医療の場合は、骨折であろうが、がんであろうが、ある程度定型化された治療や処置を行えます。しかし、介護は特に相手ごとに配慮しなければならず、知性と感性、左脳と右脳が必要とされる仕事なのです。

介護はクリエイティブな仕事でもある

認知症の人をケアする介護現場では、さらに創造的な工夫が必要になります。

私（藤田）の経営する介護施設では、認知症の方の介護を行っていますが、こんなことがありました。

もともと法人営業をしていた高齢男性のAさんは認知症になって、トイレも失敗してしまうし、奥さんに暴力を振るうこともありました。いろいろ試してうまくいったのは、その人の〝尊厳〟に訴えかけることでした。

Aさんには、施設の名称が入った名刺を持ってもらい、営業先に一緒に回ってもらうことにしたのです。名刺には「最高顧問」と肩書きを入れて、「顧問、今日もよろしくお願いします！」といって、一緒にデイサービスの営業部員と営業先に同行するのです。

車の中では打ち合わせをしている体裁にして、ケアマネージャーから電話がかかってきたら、その人に替わって「いや、ここは最高だよ」と言ってもらうのです。すると本人的にも、朝になると「出勤しなきゃいけない」という気になっていて、デイサービスの迎えの車を朝、玄関の前で背広を着て待つようになりました。Aさんは認知症で要介護3と4を行ったりきたりしていたのですが、その後は要介護3を維持して症状も落ち着いていきました。失禁もしなくなり、奥さんへの暴力もなくなりました。それによって奥さんもよく眠ることができるようになりました。実際、介護がうまくいくと家族も喜びます。本人だけではなく、周囲の人もハッピーにさせる仕事。それが介護なのです。

認知症患者は不安感から身近な人へ手を上げたり、声を荒げたりしてしまうことがあるのですが、その不安感がなくなれば暴力はなくなります。Aさんはおそらく、長年やってきた仕事の世界を思い出したことで、安心したのだと思います。

これは専業主婦だった人の場合でも基本的には同じです。主婦の尊厳は家族や誰かの役に立っているということ。主婦の人でも裁縫が得意とか、料理はプロ級だといった得意分野がありますから、そういう能力を施設の中で発揮できるように工夫していくのです。すると、役立ち感を得られて尊厳を維持できます。精神的に安定してきて認知症の症状が落ち着いてきたり、進行を遅らせたりすることができるのです。

このように考えていくと、施設に100人の入居者がいたら、100人それぞれに違うサービスをしなければなりません。ですから介護職は非常にクリエイティブな仕事なのだといえます。

実は介護職は、クリエイティブで奥深くて、人の幸せに直接貢献できる素晴らしい仕事なのだということです。

介護現場にはテストマーケティングが必要⁉

介護の仕事は、現場での具体的なケアの方法が個々の利用者に合っているかどうかが非常に重要です。仮説思考というか、現代的に言えばテストマーケティングをしながら、試行的な解決策をやってみる。つまり、一つひとつを検証して、やり方が利用者に合わなかったらすぐやめる決断ができることが重要なのです。

結局、認知症になってもどうなっても、人間が本質的に持っているのはやはり何かの役に立つということによって、その人が元気になるということです。人の役に立つとか、社会の役に立つとか、何でもいいのですが、自分が何かの役に立っていると感じられることがケアの最も重要なファクターです。

地域の活動、ボランティア活動など何でもいいのですが、その中でも自治会長であるとか、夜回りのリーダーであるといった役職があります。そうした役職を持っている人のほうが認知症の発症率が3割ほど低いというデータもあります。

そして、もうひとつの重要なファクターは人と関わることです。

脳梗塞で片麻痺になってしまったおばあちゃんが、ダンスを踊れるようになったという例があります。リハビリの一環で、高校生の社交ダンス部の子たちと一緒に踊る練習をしていたところ、半年後にはもう普通にダンスができるまでに回復してしまいました。自分の好きなことをやっている高揚感と、何より人と関わることで元気をもらったのではないかと思います。

そんなことが起こるのを間近で見られたら、介護の現場で働く人は達成感を得ることができます。報酬と、そうした達成感ややりがいといったものが両輪となって仕事人として前に進むことができるのではないでしょうか。

介護職はそういう仕事であるということが、まだまだ世の中で認識されていないことが残念でなりません。介護職の方々すべてがそうしたやりがいを感じられているわけではありませんから、仕方がない面はあります。やりがいを感じた人たちがいろいろそれを発信して、伝えてくれることを強く期待したいと考えます。

介護職が業務独占にならなかった理由

介護職のアイデンティティが高まらないのは、介護職だけに許される業務というものがないこと、つまり業務独占という形態をとっていないことも一つの要因です。

看護師は資格によって業務独占、つまり看護師にしかできない仕事が決められています。採血、静脈注射、点滴などがそうです。看護師しかできない仕事があることによって、職業人としてのアイデンティティが確立され、プロフェッショナルの職業としての誇りが維持されます。

ところが、介護職には資格はあっても業務独占がありません。介護職にしかできない仕事というものはないのです。

介護福祉士の資格を創設するとき、業務独占とすべきかどうかの議論はあったようです。

しかし、増大する需要に対して業務独占を行うと、現場の実情にそぐわないという理由から見送られました。需要増のスピードがあまりにも急激すぎたため、介護職になるためのハードルをできるだけ低くする必要があったからです。

介護職に業務独占が行われなかったのは、ほかにも理由があります。

医療と違って、介護の場合は直接命にかかわる業務が少ないという点があります。看護師の場合は、処置を間違うと命に危険が及ぶということで、資格がなければ採血できないといった業務独占をする根拠にしています。しかし、介護にはそうした処置が少ないのです。

また、看護師や医師は、看護学校や医学部で何千時間もトレーニングされてきているため、業務独占とするに足る根拠が明確ですが、介護の場合、実務経験があり、勉強して試験を受けたぐらいで業務独占をさせるのはおかしいのではないかという考え方もあります。

そもそも介護は、看護と違って方法論がまだ体系化されていません。だから、ケアの有効な方法論も確立されていないため、そもそも介護というものがどういう業務から構成されているのか、どういう水準でなければならないのか、を認定することから始めなければなりません。いまでは少しずつ方法論が確立され始めてはいますが、科学的に立証されているとは到底言えず、事業所の独自の判断に任されている状態です。この点については後の章でも詳しく述べます。

介護の質の良し悪しを見分ける困難さ

介護は仕事の成果が目に見えにくいために、ケアの具体的な方法の良し悪しを評価しにくい面があることも確かです。

対人援助技術は優劣が分かりにくいものです。見守りの仕方や排泄介助の仕方など、どの人のやり方が丁寧なのか、はたまた雑なのかは、支援される側の受け取り方によって違いますから評価が分かれます。

介護においても最も困難を極めるのが、介護では生活全般を見守っているため、本人の幸せな状態を希求していく必要がある点です。そして、その「幸せな状態」がそれぞれ違うことが介護を一層難しいものにしています。

医療においては、基本的には治癒回復を目指せばいいので目指すべき方向が明確です。入院するとしても傷病者の生活を一時的に見るだけですから、長い時間軸で「幸せ感」を意識する必要はありません。

ところが、介護の場合は生活の介護介助をして、入所者が幸せな状態で暮らせるようにするのが目指すべき方向です。この「幸せな状態」が一人ひとり違うとすれば、何人かの人が集まって集団生活する中でそこを探し当てていく難しさがあります。

ある人にとっていいことも、ある人にとっては迷惑だったり、お節介に感じたりすることはよくあります。うな丼を食べたい人もいれば、ジャムパンでいいという人もいます。同じくらいの関わり方をしても、ある人は「相手にしてくれなくて寂しい」と感じるでしょうし、ある人は「うっとうしい、少し放っておいてほしい」と感じることでしょう。

それにすべて心地いい状態にするのが健康にいいかというと、それもまた違います。極端に言えば、「ジャムパンだけ食べていれば幸せ」という人に、そうかといって毎食与えていれば糖尿病になってしまいます。「外出するのがおっくうだから、毎日テレビを見て過ごしていたい」という人のいうとおりの生活をさせていると、あっという間に寝たきりになってしまうでしょう。

入所者の要望を聞くことは大事だけれども、すべてを聞いてはいけない。その判断をどのようにするのかは専門的な知識が必要です。

介護職にとって「能力が高い」とはどんなことを指すのか。これは非常に難しい問題です。介護職員が自分の仕事がよくできているかどうかを客観的に判断することが難しいので、何をどのようにすれば自分が成長していくかもよくわかりません。

通常の企業であれば、売り上げや利益といった明確な指標がありますが、介護施設では現場の働きがそうした数字との関連性を見出しにくいのです。お年寄りが元気になったかどうかを判断するのも難しいですし、そもそも元気にならないことのほうが多いのですから、そこを評価軸にすることもできません。

介護職では、介護職としての能力が非常に測りにくいという面が強いので、能力給というよりも経験給という感じの給与体系になっているのです。

評価のしにくさは介護の奥深さを反映している

ただ、逆に言えば、評価のしにくさは、介護の仕事の奥深さや幅広さを示しているともいえます。これがホテルや旅館なら、食事がおいしいとか、風呂が清潔だとか、対人の接し方が丁寧だといったわかりやすいポイントでだけで評価することができます。

しかし、介護においては、それはごく表層の部分であって、人間対人間のコミュニケーションであったり、目配り、気配り、声かけであったりといったさまざまな要素があるので、それをどうやって評価するのか、たとえば数値化するのかはまだまったく確立されていません。

こうした状況は海外でも同じです。介護の歴史の長い北欧などでもそうした尺度がありません。

日本を超えるようなスピードで高齢化が進んでいる先進国は皆無ですから、それでも、きめ細やかさやシステムの整備の面でいうと、日本はかなり先進的な立ち位置にいることは間違いありません。一方、ドイツやフランスにも介護系のチェーン企業のような事業体があるとも聞きますが、日本にすぐあてはめられるような適正な評価尺度は聞いたことがありません。

アメリカでは、皆保険としての介護保険制度はありませんから、介護が必要な状態になると、基本的には民間保険会社が介護を提供する会社にお金を支払います。その保険会社が一応尺度をつくってはいます。要介護の度合いがどれくらいかというのを測る尺度なのですが、保険会社がつくった尺度と日本がつくった要介護認定の尺度は似たようなものとなっています。

しかし、要介護度を測る尺度はあっても、その人がどうなったら改善したと言えるのか、その人が幸福なのかどうかの尺度は世界中を見渡してもどこにもありません。

こうした課題について、政府は手を打とうとはしていて、介護業界としても少しずつ評価しようという機運が高まってきてはいますが、そうした尺度をつくるには相当な馬力と時間が必要です。ここでも、前述した要介護高齢者のデータベースがないことが足かせになっています。

介護職自身にも問題はある

介護職に就いた人が離職や転職を繰り返す理由は、多くの場合が職員同士の人間関係です。

事業者側が「働きやすい環境をつくることができていない」「キャリアパスをつくれていない」、あるいは働く人が「こらえ性がない」「意識が低い」「いつでも雇ってもらえると思っている」といったように、事業者側と労働者側の双方の問題があり、絡み合った問題となっています。

転職する人の多くは同じ介護職を転々とする人がほとんどなのですが、まれに介護以外の仕事を選ぶ人もいます。その中にはまた介護業界に戻ってくる人もいます。

ある人は不動産会社に転職したのですが、また介護施設に介護職として戻ってきました。聞けば、「不動産業界があんなに過酷だとは思わなかった」とこぼしていました。中にずっといるとわからなくなってくるので、一度外の世界を知ってもらうことも有益なことではあります。


基本的には、グループホームや特別養護老人ホーム、特定施設と呼ばれる有料老人ホーム以外は、サービスの供給量に関する歯止め、つまり総量規制がないため、民間事業者が自由に事業展開できます（厳密に言うと、都道府県や市区町村が介護事業所の指定を行わないという実質的総量規制は、その他のサービスにも行われています）。すると、需要があればサービスを提供開始することになり、人が必要となります。人が必要となると、もともと介護の仕事をしたいと思っていた人ではない人たちをも掘り起こす必要性が出てきます。

そうすると、人材の質的に多様になってくるのはある程度当然ではあるのですが、ここを問題の中心に据えて、取り組んでいく必要があります。

実は給与的に見劣りしない介護職

介護業界における3Kのうちの「給料が安い」については、課題が解消されつつあることはあまり知られていません。

給与に関しては、いまは介護職の給料は段階的に引き上げられてきており、一般産業の水準に近づいてきています。

通常の社会福祉法人では、10年勤務している人の年収はおよそ500万円ほどですから、必ずしも少なくはありません。見ようによってはちょっといいのではないかと感じられるくらいだと思います。

最近、介護職の処遇をよくしなければというので、「介護職員処遇改善加算」が行われて、介護職の収入はじわじわと引き上げられてきたからです。

ところが、介護職がすべて年収500万円になっていかないのは、転職回数が多いことが一因です。介護の現場は激務ですから、隣の芝生は青く見えがちです。本当に劣悪な勤務環境でなくても、もっと他によい職場があるのではないかと考えて転職をするのですが、そう都合のよい職場があるはずもなく、また別の〝楽園〟を目指して転職を繰り返してしまうのです。

それでも依然として介護職の賃金が安いとされる統計が出ているのは、さまざまなカテゴリーの人がまとめて介護職として計算されてしまっているせいでもあります。

介護職でも施設の職員と訪問介護員では性別と年齢に特徴があって、ホームヘルパーは50～60代の女性で非常勤スタッフが多いのです。一方、施設になると若い正社員が多くなってきます。

そうすると若いうちはどこの会社でも賃金が低いし、50～60代の女性たちはパートで、よく言われる「150万円の壁」を気にして働いていたりしますから、全体的に年収が低く算出されてしまいます。一般産業の賃金としてモニターしている年齢が平均年齢は50歳ぐらいなのですが、介護業界は40歳ぐらいです。10年差があるので、年収に差があって当然です。

これは絶対水準ですが、仕事の大変さで見た時の相対水準で見れば、やはり大変な仕事のわりに賃金がまだまだ低いということになってしまっています。これはなかなか議論のしづらいところで、どのような仕事も大変な部分はありますから、評価はますます難しくなってきます。

年を取ってくると、現場の介護職でなく管理職になってしまうので、統計上、介護職と一緒に算定されなくなり、やはり全体の賃金水準を押し上げることにはつながりません。あくまでも介護職としての賃金で見るとやはりまだ低いということになりますが、かつてほどではないといっていいのではないでしょうか。

自ら「人手」にハマる介護職たち

賃金に関しては経験によって上昇カーブが描けないのも問題の1つです。ある程度まで賃金が上がってくると、みんな専門職としてはあまり差がなくなってくるので、すぐに頭打ちになってしまいます。最初は、初任給はいいし、すぐにどんどん上がってはいきますが、その後フラットになっていくのです。介護職から管理職にキャリアアップして収入が高くなる施設はあるにはありますが、相当少数派です。

たとえば、私（藤田）の会社では、介護職からキャリアアップしていく制度があります。現場の直営店舗を10か所ほど統括するマネジャーになった人がいますが、収入は1000万円に到達しています。その人は施設長など20人ほど現場の部下がいます。1店舗あたり毎月10万円がその人の取り分だとすると、10店舗で100万円となり、年収としては1200万円にもなるのです。

介護事業所は全国に33万か所ありますから、そのうちの1000か所にそういう1000万円プレーヤーがいたとしても、全体でみると低いので印象としてはかき消されてしまうのです。

本当はそういうキャリアが描けるはずなのに、働く側もそこを理解しようとしていないところがあります。自分は「人材」であると認識して、プロフェッショナルとしてのノウハウ、技術を高めていき、給料が段階的に増えていくような道を描けばいいのですが、そこを自ら道をふさいでいるような人も多いのです。自ら自分を「人材」ではなく「人手」にしてしまっているのです。

現場のリーダーや主任、施設長、地域統括マネジャーと立場が上になっていくと、何かと責任が大きくなっていきますから、それをよしとしない人がいるのです。現場の一介護スタッフとして働いていたほうが気楽だということです。

これは介護現場に限ったことではなく、他の産業でも見られる精神風土です。役職につきたがらない人が増えていることは、どんな産業でも、どんな地域の人でも現象としてあります。

そういう介護職の人々は、往々にして、精神論に走ってしまう傾向があるようにも思われます。よくあるのは、「キラキラ介護」「ワクワク介護」「ありがとうと言われる仕事」というフレーズです。要するに、「自分たちの仕事は感謝されることが報酬です。だから給料が高くなくてもかまいません」と言っているようなものです。向上心を持って介護業界の中で自らを高めようというより、現場に寄り添っているようなふりをして、より大きな責任を負わないでいることを選択しているのです。

もちろん、マネジメントをするより現場が好きな人など、それぞれに個性や向き不向きは当然ありますが、現場を極めていくだけでも給料は上がっていくはずなのです。

現場で研鑽を積むにしろ、マネジメントの道に進むにしろ、自らを高めている努力をしないで、安易な精神論の世界にどっぷりつかっていると、一生低賃金で働くしかありません。少し厳しい言い方ですが、多くの介護職の方が、プロフェッショナルとして目覚めていくことが、ひいては、介護業界の魅力を高めるひとつの道筋になるのではないでしょうか。

介護保険で量産されたことが不幸の始まり

介護職の人員数は、15年くらいの間に55万人から180万人まで3倍以上に増えています。「人材」は増えてはいるはずですが、「人手」も同じように増えているので、全体として働く人の質の比率は変わらず、依然として「人手」の色が濃いままであるのが現状です。業界側の意識も体制も整わぬまま、あるいは働く側の必要とされるスキルも定義されず、社会のほうも介護で働く人に期待することや、それをどうやって社会的経済的に評価するかが見えないまま、みんなが準備できないままに時代がどんどんと進んでしまったところが不幸の始まりでした。

言っても詮ないことかもしれませんが、やはりそのような歴史はしっかり直視しなければなりません。嘆いているだけだと単なるボヤキにしかなりませんから、頑張れば人並みの給料をあげましょうというふうに、今、進んできています。しかし、それだけでは不十分で、経済的評価だけでなく、社会的な評価、つまりプロフェッショナルとしての技術を評価したり、どういう成果を出しているのかということを社会にアピールしたりしなくてはなりません。そのことによって社会的な認識として介護職のステータスをもっと上げる必要があります。

そんな中で事業者側の努力が当然、必要になってきます。とりあえず、大量採用しておいてうまく働けなかったらやめてもらう、いい人だけ残ってくれればいいという考えが、まだまだ強いような気がします。いかにいい人を採用するかに血道を上げているのは、育てる力がないからです。

他の産業だと、大企業でも一部の企業はそうなっています。大量に採用して、結果が出せる人だけが残ればいいという考え方です。一方で、もともとの素材はともかく、教育に力を入れて「人材」に育てていこうという企業もあります。そういう企業が伸びているのではないでしょうか。

「いい人が来ない」と言い訳するのはダメな会社の典型です。介護事業者も需要が拡大していくなかで介護職の量を確保することに必死で、人を育てる努力が足りないのではないでしょうか。

事業所によってはキャリアパスを設定して、それに応じた給与体系を設定しているところもありますが、そうしたところは少数派です。なぜそうなのかというと、やはりお役所意識があるからではないかと思います。つまり、公的なサービスとして福祉の一翼を担っているという意識です。

切磋琢磨して成長していくというより、与えられた役割を安定した報酬体系の中で粛々とやっていくだけだという意識です。「人手を人材にする努力」が著しく欠けているのです。

「人事部」すらない介護業界の体質

「いい人、集まれ」と呼び掛けても集まってくる時代ではないので、「人手」の意識で来た人を「人材」にしていくために、事業者は人事部をつくってキャリアパスや教育、労務マネジメントに力を入れるべきです。

ところが、介護業界は事業規模が小さい会社ばかりなので、人事部すらない事業所は多いのです。間接部門を個別に設けると事業体としてやっていけないという都合はあります。

しかし、それよりもこれまでは人事部がなくても事業を存続させることができたことが大きいのです。介護需要が大きい状態で推移してきたからです。供給に対して需要のほうが大きいと、サービスを享受する利用者は施設を選ぶことができなくなります。すると、事業所に淘汰圧力がかからなくなるので、経営の改善が起こりにくくなるのです。

そのため、経営能力はそれほど高くなくても事業体を維持できるということになります。人材としてお金をかけて育てなくても、人手を使い捨てにしていき、それによってサービスの質の低下が起こっても事業として継続することができたのです。

学んでも生かせない風土

介護福祉士の養成施設や研修制度など、さまざまな形で学ぶシステムはもちろんあるのですが、そうして学んだことと現場のギャップが大きすぎて生かせない面があります。

現場のやり方が事業所によってバラバラすぎるからです。看護師でも医者でも勉強したことと現場が違うのは当たり前なのですが、介護の場合はその程度は大きいと言えます。そこまでやり方が違いすぎると、働き始めてからも学ぼうという気力が湧かなくなります。

「学校でこういうことを学んだんですけど」と先輩に意見すると、「若いのに小賢しいことを言うな」「うちはこういうやり方なのよ」と一喝されて、心が折れてしまうということはよくあります。

介護職で働く人は、そもそも学ぶ意欲のある人とない人がきれいに分かれます。介護は福祉だと思っている人の中にも、専門性を高めていこうという人たちと、福祉なのだから安定してずっと給料をもらえるから働いているのだという人たちとに分かれます。両者はまったく考え方が違うので、現場で衝突することになるのです。

介護は教育しにくい分野

人材教育をやりにくくしているのは、何度も述べてきたように、介護のやり方が科学的に体系化されたものでないことがひとつの理由です。

その根本に何があるかというと、介護職の特性があります。

1つ目は、入浴や移動の介助という肉体労働の面があります。

2つ目は、たとえばアセスメントを取ったり、ケアプランをつくったりとか、ＰＤＣＡ

をちゃんと回していくという知的労働の面があります。

3つ目は、人対人の濃密な人間関係をつくるため、感情労働の面があります。

簡単に言うと、その3つの側面があるのが介護の仕事なのです。この3つの能力が同時多発的に求められる出来事が現場では起きるというのが、介護が難しい仕事であるゆえんです。頭で冷静に考えつつ肉体労働し、なおかつ自分のメンタルをコントロールすることが求められるのです。

現場を経験しておらず、介護は家族の代行というイメージを持っている介護施設の経営者はまだ多いので、「何を教育すればいいかわからない」というのが本当のところだと思います。

介護は教育がしにくい面はあるのですが、やはり体系化を急ぎ、そのうえで教育によって効率的にノウハウを伝授して、質の高い介護職を現場に送り出せるようにならなければなりません。

心が折れて立ち去る介護職たち

介護職が離職するときの理由としては、1位が「心身の不調」、2位が「法人事業者の理念や運営のあり方に不満があった」、3位が「人間関係」、4位が「収入」、5位が「労働時間・休日が合わなかった」となっています。

労働環境系はそれなりに上位を占めているのですが、事業者のほうに理由がありそうな項目も入ってきています。「うちは利益を上げることが大前提」という事業所もあれば、「うちはとにかく利用者のためになることを極めるのだ」という施設もあります。いろんなパターンがありますが、それをちゃんと事前に説明していなかったり、うまく浸透させていなかったりします。実際に採用するときも、何の色気もない事業概要の冊子をポイと渡すだけというリクルーティングをする事業所もあります。人の採用の仕方を知らないだけなのか危機感がなさすぎるのか、どちらかなのだと思います。

一方で、労働者側が入職するときに法人や事業者の理念や方針に共感したというのはほとんどありません。入るとき全然チェックしておらず、入ってみるとすごく不満に思ったという人も多いと思われます。どちらの努力も欠けているから、不幸な結婚のようになっ

過去働いていた職場を辞めた理由（介護福祉士：複数回答）

○離職時には、業務に関連する心身の不調や、職場の方針、人間関係などの雇用管理のあり方がきっかけとなっている。

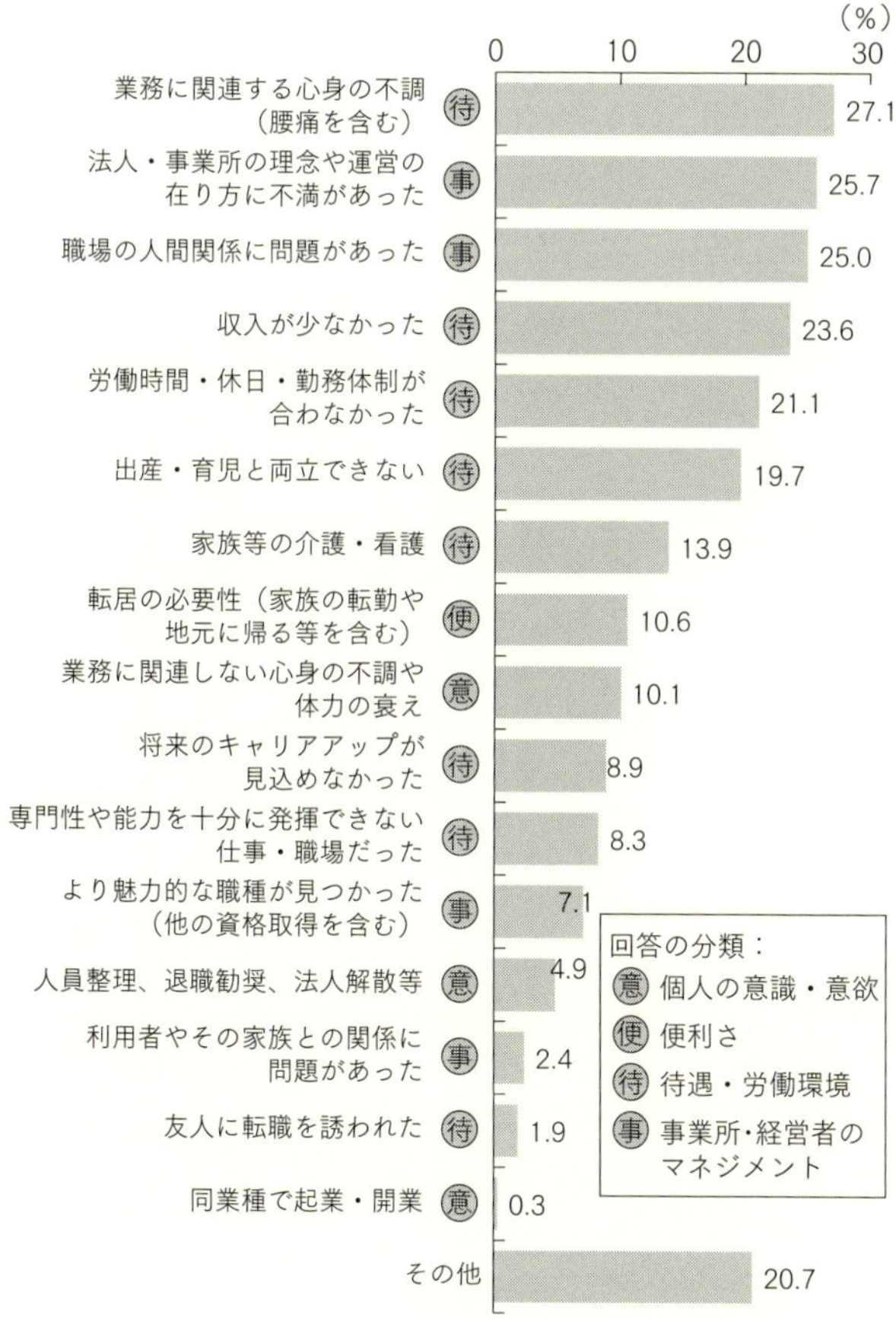

【出所】（財）社会福祉振興・試験センター「平成27年度社会福祉士・介護福祉士就労状況調査」

てしまっているのでしょう。

やはり働く人の王道としてはなるべく一つのところに根を生やして、そこでキャリアを積んで、スキルも給料も上げていくのが最も良い働き方であると思います。

第4章

介護は家政婦の延長ではない

職業介護と家族介護の大きな違いとは

職業として、介護とは家政婦の延長だという認識が社会の中にまだ強くあります。さらには、家族の代替の仕事だと定義されてしまうと、身の回りの世話をするだけの、誰でもできる仕事という理解をされてしまいます。これは家政婦の方々にも失礼な把え方です。

職業として介護をしている人のプロフェッショナリズムとは、やはり「あらゆる人に対応できる」ことではないかと考えます。

ベストなケアというのは利用者ごとにまちまち。好みも価値観も状態もすべて異なる人たちを一手に集めてサービスを行っている中で、その人の状況、その人のその日の体の調子、機嫌、あるいは好みなどを頭に入れて、その人に応じた接し方を自分で組み立てて接し方を考えることができ、実践できること。これが介護職のプロフェッショナルたるゆえんではないでしょうか。

これは心身とも機能が落ちている高齢者に対するときには、相当難しいことではあります。家族は好みも知っているし、生活も知っています。あうんの呼吸のような、暗黙知の世界もあるでしょう。そこを介護職に求めることはできないので、そこは介護職自身が考えて対応しなければなりません。ですから極めて難しい仕事であるということがいえるのです。

80年、90年という歴史を背負っている人は、人生の枝振りが違いますから、介護職はまずそこをわかった上で介護しなければなりません。その人の持っている歴史、ストーリーを理解した上でのケアが必要なのです。

また、介護職は、要支援1と要支援2の2段階、要介護は要介護1から要介護5までの5段階という、計7段階の人のケアをしなければならない難しさもあります。

このうちもっとも軽い程度の要支援1は、体がちょっと弱ってきている、歩くのが遅くなってきたといった程度なので、日常生活は支障なく行えます。

一方、要介護5というと、ほぼ寝たきりで意思疎通ができない人もいます。

具体的にいうと、プライドが高くてわがままなおじいちゃんで、だけど足腰が弱くて歩行が困難という人から、しゃべることができず、ちょっと話しかけると感動してすぐ泣いちゃうけど、体は全然動かないおばあちゃんまで幅広いのです。

そういう人が一堂に会している施設もあります。

全方位的にすべての人にうまく対応できる人となると、最後はセンスの話になってくるのですが、その手前まではノウハウによって対応できます。

ですから、「難しい仕事であり、誰でもできる仕事ではない」という意味は、当然、センスのある一部の人にしか担えない仕事だという意味ではありません。誰もが明日からこなせる仕事ではないという意味で、経験を積んでうまい人のマネをすることである程度のレベルまでは誰でも到達することができるのです。

うまい人のノウハウを集約していくと、要介護者の属性によって、上手なケアには一定のパターンがあることがわかります。

要介護者の属性とは、どんな職業に就いていたか、その仕事でどんな役職についていたか、結婚歴はあるか、子どもはいるかといったことです。それによって、たとえば営業部長だったなど人の上に立っていた人ならこういうふうな対応をするのがよい、といったケアの方法があるのです。

ケアの手法を学ぶとき、形式知と暗黙知があります。形式知は、体系化できるので教えやすい面がありますが、暗黙知はそれができません。だから「最後はセンス」になります。

現状では教えやすい形式知がまだ限定的でしかなくて、うまい人、経験豊富な人の「センス」に頼っている状態です。経験豊富でうまい介護職に当たれば、いいケアをしてもらえるけれど、そうでなければ不満が募ることになるかもしれません。

介護職の教育においては、形式知の領域を増やし、それを伝達する機会をきちんとつくることが必要です。そのうえで自分なりの暗黙知を積み上げられるように転職せずに経験を積み重ねていくことが大切です。

看護師やホテル従業員にも暗黙知が多い面があるのは確かですが、それとは比べ物にならないくらい介護職には暗黙知が多いのです。形式知が多ければ多いほど、あるレベルに到達することが教育によって効率的にできるので職業として量産が可能になります。

コンビニ店員やファストフード店員は形式知がほとんどといっていいでしょう。だからこそ、爆発的にコンビニが増えてもマニュアルに沿って仕事をすればいいのでスタッフの質が問題にならないのです。

すでに述べたように、形式知の部分が少ないのに、外国人を安易に受け入れていく危うさについては考えておかねばならないでしょう。教えられるものは少なくて、「あとは君が考えなさい」というのでは、外国人にとっては相当ハードルが高くなってしまいます。

出でよ、介護のナイチンゲール

介護職のアイデンティティの確立が進まない背景には、学問の世界での介護の体系化が進んでいないことがあります。そうした構造的なものをつくっていこうという野心や向上心を持っている研究者は今のところほとんどいません。

理念的な福祉論は多くの大学教授が行っていますが、現場の対応の面では皆無です。医療における臨床にあたるものの概念がないため、知見があまり体系化されていません。エビデンスを集める知見を持っている人がまずいません。サイエンティストが介護の先生たちにいないのです。

その意味では、「介護分野のナイチンゲール」が必要なのです。

ナイチンゲールは看護における形式知を確立し体系化した看護教育の母ともいえる存在です。

ナイチンゲールは19世紀半ばに看護とはどんな仕事でどういう価値を生み出すのかについて体系化し、看護にとってのプロフェッショナルとは何かということを一生かけて形づくっていきました。看護を医師の補助役、患者の身のまわりの世話役というところから進化させたのがナイチンゲールの大きな功績でした。介護にもそうしたものをつくり上げることが必要です。

看護もそれまでは介護と同様に、「思いやりの心で」とか「心を込めて」といった情緒的な世界だったはずですが、形式知化することでそうしたエモーショナルな面とは別に機能的な面が追求されることになりました。

介護をめぐる議論の場合でも情緒的になってしまうのが常なのですが、そこを排して体系化、科学化を進めて、学びやすい分野にすることが大きな課題です。

今後、ＡＩやロボットの登場によってさまざまな人間の仕事がこれらによって代替されるだろうと予想されています。もちろん介護も例外ではなく、３Ｋのうち「きつい」「汚い」の部分はＡＩやロボットによって軽減されていくはずですが、最後には必ず残っていく箇所があります。それは人間どうしの関わり合いの箇所です。尊厳を維持するためにどの人とどのように対峙していくかという介護の根本的な部分は人間がやってほしいという気持ちはなくならないはずです。ですから、形式知が明らかになり、体系化されたとしても介護職はなくなることはない、どんなにテクノロジーが発達しても絶えることのない、むしろ、より重要性を増す、将来有望な職業といえるのです。

中途半端な資格制度をどうするか

形式知を体系化する一つとして資格制度は有力な武器ではあります。介護職に関連する資格としては「介護福祉士」や「社会福祉士」といった資格があります。

一般的に、社会福祉士のほうが介護福祉士よりステータスとしてはやや高いイメージがあります。社会福祉士とは、「ソーシャルワーカー」と呼称される福祉業務全般を行う専門家で、厚生労働省管轄の国家資格です。社会福祉士は、福祉に関する専門的な知識や技術を持ち、心理的・身体的・経済的困難な事情がある人からの相談を受けて問題解決に導く援助をしたり、医療機関や施設との橋渡しをしたりする仕事を担います。

市役所などで一定のポストの人材を募集するとき、応募資格が「社会福祉士を保持する方」となっている場合が多くあります。社会福祉士を修めた人というと、社会的な認識がまだ高いし、試験の難易度の面でも、社会福祉士のほうが難しいといわれています。

介護福祉士の資格を取得した途端、技能的に格段にアップし、現場で素晴らしい介護ができるようになる、といったこともほとんどありません。介護福祉士の資格を持っていなければできない業務、いわゆる「業務独占」もありません。

そのため介護福祉士の有資格者と無資格者の報酬も手取りにして月数千円程度の差しかないのが現状です。

つまり、職業人としてなぜこの資格が必要なのかがまだはっきりしていないのが一番の問題です。そのため介護福祉士は民間事業者が独自に出している資格と大差ない、中途半端な状態になってしまっているのです。

介護福祉士はもっと試験も難しくして高度な資格にすればいいという意見と、もっと取りやすくするべきという意見があります。難しくすると受ける人が減るし、簡単すぎても希少価値が減るという当然のジレンマが起こります。現在は、一定の高い専門性について、介護福祉士の上乗せ的な能力を証明する仕組みが検討されています。介護職全体を引っ張るリーダー的存在として育っていくことが、総論としては期待されます。

資格が先か、体系化が先かというと、体系化できて、それを証明するための資格というのが正しい順序なのですが、いまは資格が先に来て、それを裏付ける体系が何なのかよくわからないという状態です。とりあえず関連する知識を寄せ集めて資格化しているのが実態です。

がんばって収入が上がる仕組みを

介護という仕事を難しくしているのは、経営や仕事をがんばっても収入が上がらない仕組みであることも関係しています。

たとえば、デイサービスで経営の効率化をして、デイサービス事業者の平均的な営業利益率が上がったとします。すると、介護報酬改定で報酬を下げられてしまうという制度になっています。また、要介護度を改善すると、要介護度が下がるので、介護報酬も下がってしまいます。経営努力をして利益率を上げたら介護報酬を下げられ、要介護度を改善しても介護報酬が下がるのであれば、現場での経営やケアの改善を必死に行おうという気は起こらなくなります。

それに要介護度が重い人をケアするほど介護報酬が高く設定されているということも要因のひとつです。

たとえば要介護4の人に一生懸命ケアをしたところ、その人は要介護2になったというとき、介護報酬が減ってしまうのです。一例としてデイサービス施設でいうと、ある利用者が要介護4の状態で来ているときは、施設は1日約1万円ぐらいもらえていたのが、デイサービスのケアが奏功して要介護2になると7000円ぐらいしかもらえなくなってしまいます。30%もダウンするのです。がんばればがんばるほど報酬は減るという仕組みになっているのです。当然、要介護者とすれば元気になったのだから喜ばしいことなのですが、事業所にとっては逆の効果を生みます。

仕事をがんばって利用者の要介護度を下げる、つまり利用者が元気になっていくほど、自分の収入が下がるのでは現場の介護職のモチベーションが上がるはずはありません。

また、事業所は中小零細企業が多いので、その事業所の中でのポジションは限られています。現場職の人ががんばってもポジションが空かないかぎり、定時昇給しか望めません。

環境がよく、定着率が高ければ高いほどポジションは空かないから、キャリアも給与も上がらないということになります。

施設の中でポジションが与えられないという現象は、定着率がよいからだけとは限りません。社会福祉法人によく見られるように、同族経営のため管理職以上のポジションがすべて親族で占められている場合がよくあるのです。

よい介護をする事業所ほど儲からず、介護職の給与も上がらないということが起きるのは、どう考えてもおかしいと思わざるを得ません。

各事業所はどこでも昇給システムは決まってはいますが、就職するときに外からは見えにくい状態になっています。それは中小零細事業所がほとんどであるために、透明性が低いからです。そのわりに予想もしていないのにいきなり2年目から施設長になったりすることさえあります。それほど介護職は予見不可能なキャリアなのです。

ここでも介護という仕事自体が評価しにくい仕事であることが影響しています。たとえば入所施設であれば、24時間365日その施設が面倒を見ているので、利用者の状態が改善したとき、この施設がよくがんばったからという因果関係がはっきりしているのですが、デイサービスなどの通所施設や、訪問介護の場合はそれを特定するのは不可能です。デイサービスに行き、ヘルパーも出入りしていて、訪問看護も入っているとなれば、心身の状態がよくなったとき、どこの人がよい仕事をした結果、そうなったのかわかりません。デイサービスに通ったり、ヘルパーが出入りしていても結局、家族の介護がよかったから状態が改善したかもしれないからです。

その際、要介護度を下げたら、その見返りに報酬を上げるという仕組みを取ることも、論理的には分かりやすい話ですが、実際には、簡単に要介護度を上げることのできない人が排除されることにならないのか、無理やりにリハビリをして、要介護度の改善だけにひたことがないのか、広い視点から検討することが必要です。

介護を科学する試みが必要

介護のような慢性期の状態を維持・改善していく作業には、そもそも経済合理性を見出しにくいという特徴があります。

この点は医療も同様です。診療報酬単価も急性期の傷病より慢性期のほうが低く設定されています。たとえば、外科医の手術は非常に報酬が高く、リハビリや療養の段階では、報酬が低いのが現実です。

認知症の人をケアしたことで尊厳を保って、心穏やかに過ごせるということは、大変すばらしいことなのですが、そのためにかかったコストをどう測るのか、またそうした状況を創り出したことを経済的にどう評価するのかは、なかなか難しい問題でもあります。そういう実証しづらい分野に、学問的にチャレンジする学者がなかなか現れないことも致し方ない面があります。

たとえば、証券会社に勤めて高給を取っている人が親の介護で困っているというとき、介護職が低賃金で代替することによって生じる経済波及効果はわかりやすいでしょう。しかし、これが仮に生活保護の人のための介護だったらどうでしょうか。その場合、単純化して考えれば、経済波及効果はプラスマイナスゼロになってしまいます。

こうした視点はより深い問題となってきますが、介護を行った場合の経済波及効果と、幸せな最期というようなところをどうバランスを取るのか、私たち日本人のスタンスと叡智が問われています。このようなことを丁寧に考えるいいタイミングにきているのではないでしょうか。

昨今、日本は老いや死、終末期の医療のあり方について深い議論ができるようになってきました。きちんと研究の場が与えられ、それに対してある程度投資がされていけば、世界に先だって介護を深く学問的に追究する人が出てくる可能性は十二分にあると思います。

今のところは、経済合理性に置き換えるなどして実証的に学問の枠内で扱うしかないわけですが、こうした分野に、新たな考察の方法が生まれる可能性もあります。

たとえば、中国とインドに挟まれた小国ブータンでは、政府が国の発展を国民の幸福というものさしにおいて達成しようということと正面から向き合っています。どうすれば幸福が高まるのかについて、それに貢献するものに政策資金を投入しています。たとえば、自然環境の保護などです。ＧＮＨ（国民総幸福量）というＧＤＰに代わる指標を掲げてもいます。

日本でも福岡の久山町では、新国富指標というものをつくっています。これは単なる経済性ではなく、どうすれば人が幸せになるかということの指標です。それを自治体のアイデンティティにしていこうとしています。

日本もそろそろ経済合理性だけでない別の尺度をもつ時期に来ています。

社会福祉法人の背負う業の深さ

介護はかつて〝福祉〟として施されていたものです。それが介護保険をきっかけに性格が変化しつつあります。業界には、「介護とは思いやりの心をもって施すもの」という昔ながらの認識を持って介護を担ってきた社会福祉法人を巡る問題があります。

さまざまある介護施設やサービスのうち、経営母体は主に、市町村、社会福祉法人、民間の株式会社という３つのパターンがあります。どれがどの分野を担っているかというと、まず特別養護老人ホームは市町村といった自治体か社会福祉法人が運営しており、そのほかは社会福祉法人か民間企業が経営しているという状態です。

社会福祉法人や民間企業の組織や業務の進め方は、それぞれの経営方針によってやり方はまったく違います。

どこでどういうポストが存在していて、何年働いたらどういうキャリアが築けるかといった、一般企業・一般社会にある相場感のようなものはまったく形成されていません。給料も公開していないところは多いですし、就職前にいろいろなことが不透明なのです。ですから、結局、「働いてみないとわからない」というのが本当のところで、外からはまったくブラックボックスの構造になってしまっています。その見えにくさが、介護職を増やすうえで大きな障害になっています。

社会福祉法人の中には薄給でがんばっている理事長もいれば、数千万、もしかしたら1億円以上の報酬を取っている経営者もいるでしょう。

社会福祉法人は法人税が非課税ですから、利益が出ても税金は払わなくてよいのです。その分は地域での社会貢献事業に使うとか、従業員に分配しなければいけないという努力義務はあるのですが、まだまだ十分に実行されていません。それをまともに職員に分配したり、社会貢献事業をやったりしている法人もあれば、もう一方で、社会福祉法人を中心にしていろいろな会社をつくっている法人もあります。

たとえばベッドのリネンの会社をつくったり、送迎車両のガソリンスタンドをつくったり、レクリエーション道具を販売する会社をつくったりしていることもあります。社会福祉法人はいくら利益を出しても税金はかからないので社会福祉法人本体に利益が出るようにして、そのほかの株式会社はすべて赤字にしておくのです。こうした株式会社の役員もやはり親族がなっていて、報酬をあらかじめ高く設定しておいて赤字にします。利益を還流させているという見方もできます。こんなことができてしまうのは、社会福祉法人のひとつの負の側面です。

一方で、社会福祉法人は、もともと自分の私財を投げうって社会のために使ってほしいと考えた人が設立した団体を法的に位置づけるため、法人制度がつくられたものです。その高い志や情熱が生きている法人も数多くあります。ですから、十把一絡げに福祉法人の好悪を論じることには慎重になる必要があります。自分に見えている範囲での事例や、極端に不適切な経営をしている法人をとりあげて、あたかも法人全体が生ぬるい経営を行っているとみることもフェアではありません。

それでもなお言えることは、社会福祉法人には、もともと自分の私財を使って福祉を始めたという成り立ちから、一種の私有財産感があり、その一方で福祉を担ってきたことによる「お上意識」もあるということです。

特養の運営は現在、自治体や社会福祉法人などに限定されています。株式会社や医療法人が特養への参入意欲を示しましたが、社会福祉法人が強硬に反対したため、規制緩和は行われていません。

社会福祉法人という仕組みは、事実上の私有財産に対して、一定の公的な関与や補助を行うというものです。我が国の憲法の枠内でぎりぎり許容される仕組みとして生み出されたものです。そうした立ち位置の微妙さ、繊細さこそが、社会福祉法人の背負っている「業」でもあると考えられます。

社会福祉法人の役割は大きい

一時期、メディアをはじめ、財政当局などから、介護報酬を引き下げるべきという話が出てきました。これは、社会福祉法人に多額の内部留保が積み増されていたからです。社福では内部留保が平均3億円というデータが出ています（規制改革会議資料より）。

内部留保額が40億円という施設もありますが、一方でほとんど内部留保のない状態で経営している特養も数多くあり、バラつきが非常に大きいのです。そうした違いを社会福祉法人という集団でひとまとめに議論し、制度改正しようということになると、法人側はみんなで一致団結して反発しようということになってしまいます。

なぜそれほどまでに差が生まれるのかというと、職員に対して相応の対価を分配している特養は内部留保がたまりにくいわけですが、そうでない社会福祉法人には内部留保がたまっていくからです。

先日、ある特養では、5年もの間、職員が誰一人辞めていないといっていました。そのかわり内部留保はまったくないというのです。つまり、それだけ職員に還元しているということです。給与がよいだけでは今の時代、定着はままなりません。おそらく、勤務環境を整えるために設備に投資もしているのでしょう。

日本の介護の歴史からみても、現状からみても、全国で8～9万施設を運営する社会福祉法人が介護サービスの主な部分を担っていることは紛れもない事実です。すでに社会のインフラとして機能しているといって過言ではありません。感情論で〝社会福祉法人叩き〟をしても解決はしません。社会福祉法人にもさまざまな経営者がいることを見据えて、たとえば、経営方針や財政状況に応じてグルーピングして、規制や税制上の取り扱いを分けるなどの方法によって、実態に即したもう一歩きめ細かな制度へと進化させる必要があるのではないでしょうか。

第5章
介護は零細が大半の未熟な産業

介護はビジネスなのか福祉なのか

介護の世界は果たして福祉なのか、ビジネスなのか、いまだに腰が定まらない状態が続いています。そのことが多くの課題を生んでいるのです。これは単なる感情論、精神論ではありません。出発点が定まらないと、制度や報酬の仕組み、社会全体の受け止めも大きく変わってきます。

介護サービスが公の施しである〝福祉〟として提供されていた時代は今よりむしろ明快でした。まぎれもなく〝福祉〟だったのです。しかし、2000年の介護保険法の施行によって民間企業の参入を認めた時点が分岐点でした。それまでの福祉からビジネスの要素も加えた世界へ踏み出したのです。ルビコン川を渡ったといっていいでしょう。

これは何を意味するのでしょうか。かつての〝福祉〟のように強く規制して政府がコントロールするという側面と、民間事業者が切磋琢磨して効率的・効果的にサービスを提供するという側面の両方を目指したとは解釈できますが、いまだどっちつかずの中途半端な状態に置かれているという見方もできます。

現状を見るに、民間の活力も入れて介護業界を量的にも質的にも向上させようとしたのに、規制緩和は進まず、事業者はいつまでもまだ昔の福祉、公の意識が強いままでいます。意気込んで参入した民間企業は肩透かしを喰ったという本音を持っているでしょう。いわば〝本流〟として介護を担ってきた社会福祉法人の経営者の中には今でも民間企業立の介護事業者を悪く言ったり、目の敵にする、あるいは商売目当てだと批判してみたり、といったことがあります。また、その逆もしかりです。不毛な対立は介護業界全体のためにはなりません。ルビコン川を渡っておきながら、また川の真ん中に戻ろうとしているように見えます。

最も空しいのは、「パブリックな性格の強い福祉」と「利益主義のビジネス」の行き過ぎた二分論で議論をすることです。社会福祉法人は、ひとつの事業体として経営を考え、できれば財政的な余裕を持って人材投資や設備の充実に回すという、民間企業では当たり前の経営感覚を正々堂々と発揮することが必要でしょう。介護を担う民間企業はこれらの中間に位置する社会的な貢献を目的とする企業といえるのではないでしょうか。あえて言えば社会企業という性格のものであるはずです。

日本ではこの文化はまだ弱々しいのですが、海外ではパブリックなことをきちんとビジネスとして回すという文化がすでに定着しています。たとえば、イギリスの社会起業（ソーシャル・アントレプレナー）あるいはトラスト（一定の独立性を持った公営企業体）などがそうです。事業体の法人格で議論するのではなく機能で議論すべき時代です。

民間企業として儲けることをよしとしない制度的な縛りがあることも成長を阻害している要因です。

介護報酬はサービス内容と価格とが見合っているか定期的に見直されるようになっています。そのとき、サービスの類型ごとに報酬率の改定をします。入所、通所、訪問などのカテゴリーごとに利益率を考慮して決めます。

たとえばデイサービスの事業者で利益率が5・6％上がっている、他の施設の利益率は1・2％上がっているという場合、「デイサービスは儲かりすぎだから下げよう。5・6％を3％ぐらいになるように下げよう」ということを平気でやってしまいます。

儲かると削られるのであれば、経営者に経営合理化を進めようという気が起こるはずはありません。努力するほどインセンティブが阻害されるのは、報酬システムとしては矛盾しています。

この問題を提起すると、「介護はビジネスのためにやっているのか」という話になり、感情的な反論が返ってくるので、議論するのさえ難しい雰囲気があります。「日本の財政は厳しいのだから」といった大上段に構えた議論に飛んでしまうこともあります。公的保険を活用して収益を上げることは、日本においては〝悪〟だという認識が強いのです。

これも、これまで、収益を上げた場合の使い方や投資の在り方に問題があったことによるものです。ただ単に利益を溜め込むのではなく、現場のサービスや人材、施設への意味ある投資に向かう仕組みをつくること、経営者がそうせざるを得ないような切磋琢磨の環境をつくることが問題の本筋だろうと考えます。

残念ながら、儲けは悪であるという通念が業界にも政府にも根強いため、介護業界では人を育てるために投資するものではなく、仕事を粛々とただやっていればいいという考え方になってしまいました。

公的保険の世界において民間企業がどう振る舞うべきかということが整理されないまま、進んできてしまったことについても、今後、深い議論が必要です。これまでの社会福祉法人制度の良さを活かしながら、新たな事業体としての位置づけを考えるべき時期に来ています。

国任せ、制度任せの経営者

一方で、事業者側の意識の問題もあります。私（武内）が厚労省時代、介護人材の対策室長に就任した翌日に、業界の会議に出席したことがあります。介護人材の現状を講演したところ、質疑応答の時間に手が挙がって、「現場は人材が足りなくて困っているんだ。どうしてくれるんだ。国で責任を持って人材を確保してくれ」という声が挙がりました。

介護事業所の経営者の方々からみれば人材が足りないから、国がどうにかしろというのです。困ったら国や制度が何とかしてくれる、自分たちの自助努力よりも、環境が悪いんだ、メディアが介護の労働環境がひどいと報道するのが悪いんだ、報酬が低いから悪いんだ、という他責の意識が強いことに違和感を覚えました。

確かに介護は医療と同様、公的保険制度のもと、決められたルールと価格の中で運営されるものです。他方で、保険制度で報酬が確実に出る産業は、医療関係を除いてはありません。人件費を下回るような報酬単価の設定はあり得ませんから、しっかり経営すれば確実に利益が出る業界です。だからこそ、業界として、事業者として、働く人々に魅力を伝えるための自助努力を発揮するということも極めて大事です。こうした努力なしでは、産業としての修羅場をくぐってきておらず、ぬるま湯にどっぷりつかっていると言われかねません。

もちろん、そういうふうに政府が守ってきた、手足を縛ってきたという面もあります。厚労省としては、儲けすぎとの批判を受けず、さりとて潰れてもいけない、というラインに報酬を設定したいわけです。施設は生身の人間を抱えていますから潰れては困りますが、国民が納めた保険料でまかなっているので儲けられても困るという感覚が根強いのです。

ただ、それにしても他責の念が強いのはいただけません。結局、口を開けて待っている経営者に対し、政府が報酬というエサを運んでくるという構造のまま、歴史が進んできてしまったということが言えるでしょう。まだまだ、業界、そして個々の経営者には、秘められた力があるはずです。経営の創意工夫を重ね、事業の多彩さとチャレンジ精神を呼び起こす可能性は十分にあるはずです。政府もそうですが、業界としても目覚めるとき、自らの力で未来の介護経営像を描くときに来ています。

介護へ進出し始めた生保業界

そもそも介護保険制度が始まる前は、民間企業は制度の外に置かれており、介護の現場を担ってきたのは市町村などの自治体と社会福祉法人でした。特別養護老人ホームが始まった1970年代に、〝儲かる産業〟として最初に介護に目をつけた民間企業は建設会社と不動産会社でした。

社会福祉法人の有利さを示すものの一つとして、市街化調整区域に施設を建てられるというものがあります。

市街化調整区域では、開発行為は原則として行えず、新たに建築物を建てたり、増築したりすることが禁じられています。そこで地場の不動産会社は社会福祉法人を設立して、市街化調整区域に社会福祉法人として特別養護老人ホームを建設していきました。

これは介護保険制度が始まるずいぶん前のことですから、制度開始後に介護業界に進出した民間企業を第1波とすれば、地場の建設業者や不動産会社の参入はその前の第0波と言えるでしょう。

2000年に介護保険制度がスタートするとき、第1波として最初に進出したのはニチイ学館やメデカジャパン、コムスンなどです。

ニチイ学館はもともと医療事務の会社、メデカジャパンは「そよ風」というブランドで展開していますが、もとは医療の検査会社です。コムスンはご存知の通り人材派遣業のグッドウィル・グループが親会社でした。これらの企業は、そもそもの業態がヘルスケアやサービス業であったりするので、介護と親和性が高いだろうということで参入してきました。

第2波は、不動産系でいうと野村不動産、三井不動産、NTT都市開発、スターツなどがそうです。大和ハウス、住友林業などハウスメーカー系、パナソニックなどのメーカー系なども参入しました。

そして近年になって登場した第3波が、損保ジャパンなどの生命保険会社です。損保ジャパンは2015年末に居酒屋大手・ワタミの子会社「ワタミの介護」を買収、2016年にも介護大手「メッセージ」を傘下に収めて介護業界に進出しています。

保険会社が介護サービスに進出してきた理由としては、少子化の中で保険契約数が減少するため、新たな事業領域を求めているという事情のほか、早い時期から利用者やその家族を囲い込んで保険契約や新たな商品開発につなげたいという意図もあるようです。

異業種の大手企業として介護に進出した企業は、どこも有料老人ホームを運営していま す。

大手企業でも損保ジャパンのように大々的に展開して本気で介護をビジネスとしてやっていこうと考えている企業と、「ちょっとやってみようか」といってやっている企業とに分かれますが、後者はほとんど苦戦しています。

動機はどうであれ、民間企業がそのノウハウや経営力を活かして、介護業界に新たな風を吹き込むことには期待大です。業界として進化していくために、民間企業の持つアグレッシブさや事業規模は、不可欠な要素であると考えます。

特筆すべきは、第3波と同じタイミングで中国系ファンドが進出していることです。中国系ファンドは売上高20億円から50億円ぐらいの間の介護事業者を買いあさっています。日本の介護会社を買って、そのノウハウを中国で展開したいという思惑があるのでしょう。

こうした動きは、介護がKAIGOとして世界に羽ばたいていく、世界に貢献していくという文脈からは楽しみな動きではあります。他方で、日本の貴重な財産とも言える介護サービスの基盤が変質してしまわないよう、目を配っていくことも重要です。

跋扈する人材派遣・紹介会社

介護を取り巻く環境の中でまた別の民間企業が跋扈している現状があります。それは人材派遣・紹介会社です。厳しい人手不足の中で、人材派遣・紹介会社の仲介を経て人材を賄う介護事業者が増えているのです。

貴重な社会保障財源を元手にした介護報酬が、こうした中間業態である人材仲介業者に流れているのがいいことなのか、という問題意識を持たざるを得ません。

近年は、介護の求人を探すのに9割以上の人がインターネットの検索を使用していますが、そこで介護事業者と、人材紹介会社や派遣会社の間で人材の獲得競争になってしまっています。

ネット検索の場合、個々の介護事業者は、その道のプロである人材派遣・紹介会社になかなか勝てず、たとえば「デイサービス　東京」で検索すると人材紹介会社や派遣会社ばかりが上位に表示されてしまいます。人材派遣・紹介会社は、リスティング広告（Yahoo!JAPAN

やGoogleといった大手検索エンジンをはじめ、各エンジンが提携しているその他の有名サイトなどに広告を掲載できるサービス）やSEO（Search Engine Optimization：検索エンジン最適化を意味する。検索結果でより上位に表示されるために行う一連の取り組みのこと）を得意としているからです。

介護職の求人を探していた人は多くがこの人材派遣・紹介会社に知らぬ間に登録してしまいます。登録すると、そのデータが取引先の介護事業者に紹介されます。または人材派遣・紹介会社に転売されます。人材派遣・紹介会社は買ったデータをもとに登録者にメールを送ったり、電話したりしてアプローチするのです。

自分で求人を探す場合をマーケティングの世界ではプル型といいますが、一方で事業者から情報が押し込まれてくる場合をプッシュ型といいます。介護の求人では、このプッシュ型が急激に多くなっているのです。自分で求人を探しに行こうというより、登録して来たものの中から選ぶほうがラクだからでしょう。

人材派遣・紹介会社は派遣なり紹介なりで人材を介護事業者に売り込みますから、個々の施設としては求人を出しても人材派遣・紹介会社に勝てないので、結局、紹介してもらうしかなくなります。実際に介護現場で雇っている人材のおおむね3割ぐらいがそうした人材派遣・紹介会社から来ているのが実態です。人材派遣・紹介会社経由の採用比率は年々高まっており、介護人材がこうした事業者に囲い込まれてしまっている実情があります。

介護事業者としては背に腹は代えられないため、お金を出してでも人材を確保しようとしてこうした会社から人を〝買う〟わけです。

貴重な社会保障財源がエージェントに流れていく

登録して待っていれば、自分に最適な採用情報が来るわけですから、一見、求職者にとってては便利なシステムのように見えます。しかし、介護事業者はそうした人材派遣・紹介会社に紹介費を支払うことになり、その費用はかなり大きくなってきているのです。

人材派遣・紹介会社はサイトに登録した人が就職すると、就職した方に祝い金として20万円を出すというケースがよくあります。求職者にしてみると、直接介護事業所に応募すると1円ももらえませんから、祝い金をもらえるサイトに登録するのは合理的でもあります。

紹介会社は就職祝い金の20万円を上乗せして介護事業者から費用を徴収し、人材を紹介することができます。介護事業者に入ってきた貴重な介護報酬の一部が、介護職の報酬アップに回されずに、中間業者である人材紹介業による採用に使われてしまっているのです。

目安として、人材紹介会社は仕入れ、つまり1人に登録してもらうのに5万円ほどかけていると言われています。そうして登録した人を介護事業者に30万円以上（賞与を含む想定年収の15％〜35％）で売るので確実に収益が出ます。さらに介護福祉士の資格があったり、経験年数が長かったり、マネジメント経験があったりすると、どんどん紹介料は上がっていきます。人材不足の時期に人を紹介できる人が強いというのは自然なことのようにも思いますが、何か釈然としないものが残るのも確かです。

人材不足という状況のもと、れっきとした適法なビジネスである人材紹介業を通じて人材が確保、調達されている現状について、どう考えるべきでしょうか。本来であれば、貴重な社会保障財源が、こうした中間的な形で使われていくことは、少なくとも制度の想定した建前や世界観とは相容れないものでしょう。

その実態はどのようなものでしょうか。介護人材紹介会社のＩＲ（企業が投資家に向けて発信する経営状況や財務状況、業績動向に関する情報）を見ると興味深いことが書いてあります。「介護人材に1回登録してもらうと、３回紹介できる」と堂々と書いてあるのです。

まず人材紹介会社が介護事業者に介護職を紹介します。すると、紹介会社は介護事業者から紹介手数料をもらいます。今だいたい年収の2、３割を支払うので、年収３００万円としても60万円を紹介料として支払うのです。しかし、６か月以内に辞めると、紹介会社は介護事業者に対してキャンセル料を支払わなければなりません。６か月目だと10％ぐらいを返金する形になります。

人材紹介会社はキャンセル料を払わなくてよくなる6か月が経つころに「何かお困り事はございませんか」と自分たちが紹介した介護職にメールを送ったり電話したりするのです。すると、多くの人は何かしら困っているのでその状況を話すことになります。紹介会社は相談に乗って、「それは大変ですね、ちょっと職場が合わないようですね」と、別の施設を紹介します。

そうすると、また紹介した先の介護事業者から紹介料をもらえます。だいたいそれを３回やると、「あの人材紹介会社に紹介してもらう施設はダメだな」となって求職者は離脱していきます。ところが「3回は紹介できます」と、ＩＲ資料で堂々と告白しているのですから驚きです。

ただ、もはや派遣会社も人材紹介会社も人が採れなくなってきています。全般的に介護職を希望する人が減っていますし、紹介会社や派遣会社の競争も激しくなってきていますから、介護事業者はその網の目をかいくぐって採用するのが相当難しくなっているのです。

こうした介護業界の〝公然の秘密〟はどれだけ知られているでしょうか。もちろん、適法なビジネスである以上、それ自体の良し悪しを決めつけることはできませんが、この実態について「見える化」する、業界全体で人材をプールできる仕組みを自前でつくる、などの工夫が必要ではないでしょうか。

ホームページさえない事業者が人を集められないのは当然

ただ、介護事業者側にも問題がないわけではありません。何といってもホームページさえ持っていない介護事業者が多々あるからです。

また、近年はスマホ対応のホームページが当たり前の世の中ですが、スマホ対応のホームページを持っている事業者が極端に少ないのも介護業界の特色の１つです。なぜ介護事業者がホームページを活用しないのかというと、いくつかの理由があります。

１つ目は、経営陣が高齢でｗｅｂの重要性を認識していないこと。

２つ目は、ホームページなどなくても事業が成り立つと考えている介護事業者が多いことです。介護サービスの利用者はホームページからではなく地域のケアマネジャーの紹介でやってくるし、採用も求人を出せば求人誌から応募者が来るから自社のホームページは関係ないと考えています。

しかしながら、ケアマネジャーは利用者に事業所を紹介する際にホームページを確認しますし、それは求職者も同様です。逆に、ホームページすら確認しないケアマネジャーからの紹介や求職者からの応募は極めて危険です。情報収集能力の低いケアマネジャーから利用者を紹介されると、その方の生活状況や状態などについて提供される情報量が少なく、現場でスムーズな受け入れができず、ひどい場合は事故につながります。

また、多くの介護事業者は、利用者は高齢者だからインターネットは使わないだろうと高をくくっていますが、いまの70代でもインターネットが登場したころは50代ですから、スマートフォンを使いこなす人も少なくありません。今後はさらにこの傾向は強まるでしょう。
3つ目は、情報を発信することの重要性を理解していない介護事業者が多いことです。自らの介護事業所でどのようなサービスやイベントを開催しているのか、ホームページやSNSを活用して発信している事業所はまだまだ全体から見ると少ないのです。施設を取り巻く利用者、家族、地域社会との情報交換を行う姿勢が乏しいことは、ひいてはサービスの質の向上やスタッフの満足度にも負の影響を与えるのではないでしょうか。

また、介護業界特有のことかもしれませんが、経営者が、情報感度の低いスタッフを好む傾向にあり、他方、そうした経営者を望む介護職も少なからずいて、そこがマッチングされているという現実もあります。昔ながらの古き良き介護のやり方を求めている人も少なくなく、その点において、経営者と介護職の思惑が一致しているということもあるのです。

介護職の年齢層として、特養など要介護度の高い人を対象としている施設だとスタッフの年齢は相対的に若くなります。身体的な介助が多く必要になるため、必然的に体力のある若者が選ばれるからです。

一方で、デイサービスや訪問介護となると、要介護度の高い人は特養と比較すると少ないので、身体的介助よりもコミュニケーション能力に長けている中高年女性が多くなります。そうした女性たちには70代の方も多くいて、昔から介護をやっている人が非常に多いのです。そうした人は昔ながらのやり方の介護のほうが慣れているため、あまり現代化された環境ではないほうが仕事をやりやすいと思ってしまう傾向もあるようです。

しかし、今後の介護事業経営を考えると、自社のホームページのコンテンツの充実、ＳＮＳの活用、さらにはウェブマーケティングの実施などは最低限取り組まなければならないことだと思います。

ホームページもないのに「人がとれない」と言っている介護事業経営者の話を聞いていると開いた口がふさがりません。

どんな業種でも、その業務の内容を広くオープンにし、地域社会に理解してもらい、そして関心のある人に就職してもらうために、日夜、知恵を絞っています。そのためには、ウェブを使った情報発信は基本のキであり、手をこまねいている余裕は介護業界にはないはずです。他の業界に負けないくらい、あるいは上回る努力をして初めて、介護業界により多くの人が来てくれる、そうした危機感を強く持って取り組んでいくべきときです。

第6章

介護「再編」を断行せよ

業界変革への道筋

本書ではこれまで、現場での実態に基づいて、介護業界に巣食う問題点を列挙してきました。何も負の側面を強調したいのではありません。私たちは、逆に「伸びしろは大きい」「やれることはまだまだある」と信じています。介護という仕事の本質は、広くて、深い。それを発展させるには、介護の質と量をどう高めていくか、に尽きます。

ここからは、どうすれば介護の質と量が改善されるか、どうすれば介護職の労働環境の問題が解決されるかについて、主に介護現場の視点から言及していきたいと思います。

問題の解決策として、政府や行政ができること、事業者ができること、介護職自身ができること、はたまた社会全体ができることなどさまざまありますが、まず基本的なスタンスとして持っておきたいのは、事業者や介護職がやるべきことをやるしかない、ということです。それが介護というサービスを事業として行う者のプライドであり、責任です。当事者にとっては厳しい提言かもしれませんが、エールとして受け取っていただければと思います。

これまで日本の産業の中で隆盛を極めている分野で、政府や社会の力によってのみ成功したものはありません。

古くは重厚長大と言われた鉄鋼・造船・セメント・石油化学などの重化学工業、現代の自動車産業やＩＴ産業など、どれひとつとっても政府の支援があったから成長したわけではありません。もちろん、政府の支援でさらに成長が促された面はありますが、基本はその産業に携わる人の努力の賜物であるのです。

「介護は産業じゃない」というかもしれませんが、もはや、そのような言葉遣いを議論している局面ではありません。事業として社会の中の富を生み出している以上、「産業」という側面を持っていることはまぎれもない事実です。自治体だって同じです。今、町おこしを熱心にやっている自治体やそれが奏功して活気づいている市町村は、補助金をあてにしてこなかったところです。一方で、補助金をあてにしてきた分野の産業、自治体が軒並み低迷していることは歴史が証明しています。

当然、政府は制度改革によって追い風を吹かせなければなりませんが、できることは旗を振ることに過ぎません。方向性を定めてその風を帆に受けて前進させるのは、その船に乗っている当事者であるはずです。

私たちも同じ船に乗る一員として、事業者であったり、働く人であったりといった現場の当事者がやるべきことについて、議論を深めたいと思います。

現場の働き方、環境を変えよう、介護という仕事を変えよう。それによって業界を変えよう――こうした志がいま求められているのだと思います。

これまで介護業界の問題点を指摘する中で、できるだけ問題の表面を取り出すのではなく、問題の根底には何があるのかを述べてきました。これらの問題点を見渡したとき、大事な共通の視点は、事業者や介護職自身が「誇りとやりがい」を持つことができ、がんばる人、努力する人が「報われる」ものにすることです。それを理解して事業者、介護職自身も自ら意識を変え、変化していく必要があります。

福祉の水準をどうするか

ますます高齢化が進む日本で介護を考えるとき、大根本の議論として、日本の介護、あるいは福祉の水準をどこに持っていきたいのかというところが明確になっていないという課題がまずあります。

日本人は中庸を好みますので、よく「中福祉・中負担がいい」とはいうのですが、それが具体的にどの程度なのかはよく理解されていません。どれくらいの介護施設やサービスが整備されている状態がベストなのか、どの程度の財政を振り向けるべきなのか、誰にもわかっていません。国民的な合意ができているとは言い難いのです。そこが決まらないと、児童や障害などさまざまな福祉分野がある中で高齢者の分野にどれだけ配分するのかを明確にできません。

よく引き合いに出されるのは国際比較です。社会保障に対する国民の負担率は、先進国の中で日本はアメリカの次に低いという状況があります。ＯＥＣＤ諸国の中では高くもなく、低くもない中ぐらいです。端的に言うと、高齢化率の高さから見れば、福祉を含む現在の日本の社会保障の水準は「中福祉・低負担」と評価されています。

これだけ国民の平均年齢が上がってきているのに、国民の負担率は低いままで「中福祉・中負担」を目指すので矛盾が生じています。本来、低負担を解消すべきで、それによって環境を変えていくことが必要ですが、政府としては消費税増税には二の足を踏んできた歴史がありますし、教育の無償化など次々と新しいテーマにお金を使う必要もあって実現できていません。

ヒト、モノ（箱物）、カネでみた場合、政府が動かしやすい順番で言うと、最も動かしやすいのはカネです。カネがあればモノも揃えられます。しかし、ヒトはそうはいきません。

政府はカネ、モノについては何らかの具体策を示せるのですが、ヒトに対して影響を与える手段はあまり政策的に熟成されていません。ヒトをトレーニングすることはできても、ヒトを集める政策手段を編み出すことは苦手なのです。なぜなら人材不足の時代に日本が直面したのは歴史上ほぼ初めてのことだからです。

一つのチャレンジとして働き方改革や生産性革命といった命題を掲げて、いま政府全体で取り組もうとしているのですが、それはそれで時代性としてはとても正しいとは思うものの、それがまだ介護業界まで十分に伝わってきていません。

普通の業界での当たり前を

改めて直視したいことがあります。介護業界では他の産業では普通にやっていることができていません。

施設の経営に関する事務・管理業務においても営業トークに乗せられて破格に高い会計ソフトを導入している施設は非常に多いのです。

また、たとえば、採用するときに学生や若者を引きつけるための努力も足りなければ、採用後の研修など、人を大事にして育てていくということもできていないし、キャリアアップしていくための道筋も示せていません。そうしたごく普通の当たり前の人材マネジメントができていません。

介護の仕事が、たとえば日雇いの清掃員と同じようなレベルでよいのであれば、おそらくこれ以上モチベーションや報酬を求めることもないでしょう。そうでないから、みんなが苦しんでいるのです。

飲食業や建設業、清掃業などとの決定的な違いは、人の生命や暮らしを丸ごと預かる仕事であるという点です。心と体の両面を支えるという点ともいえます。そこから、医師や看護師といった職業のように、それなりの教育研修システムを持ち、プロフェッショナリズムをそこではぐくみ、生命の尊さも理解し、尊い仕事として真摯に向かうべきなのだという考え方が出てきます。

しかし、そうした考え方が具体的な形をなす間もなく、時代の要請に従って介護職を量産せざるを得ませんでした。すると、そもそも命という大切なものを扱っているのだという根本理解が十分ではなく、そのためにどうすればいいかの方法論も現場に提示されていないという状態にあります。これでは現場が立ち行かなくなるのはある意味で当然と言えます。介護の現場で起きる虐待の問題はその課題のごく一部が表面化したものと言えるでしょう。あくまで氷山の一角であるということを認識しなければなりません。

これは、たとえばお金の大切さを理解しないで銀行員が銀行業務をやっているのと同じです。横領や不正融資が横行し、銀行としての機能を失ってしまい、結果的に破綻するしかありません。そうならないように、銀行ではしっかりした教育システムの中でそれを教えていくのです。

まず、介護事業所が人材の採用において最低限やらなければならないことには次のようなものがあります。

①媒体選定（どの媒体で、いくら使うと、何人応募がある）
②求人内容の創意工夫（介護職のおばちゃんが笑っている写真だけではあまり応募してこない）

③応募があったら３分以内に連絡し、できればその日のうちに面接を実施する
④いい人であればその日のうちに内定を出す
⑤入社までの期間に食事会を実施する（他社に行かれないように）
⑥入社時の提出書類と雇用契約書を用意する
⑦入社後は最低でも７日は新人研修を実施する
⑧大前提としてホームページのコンテンツを充実させ、ＳＮＳで情報を発信する

介護事業者の大半は、個人事業主に近いような中小・零細企業であるので、そこまで採用とホームページに予算と人手をかけられないということであれば、業界でまとめて基本フォーマットをつくったり、地域ごとに集まって勉強会をしたり、業界団体がＢＰＯ（ビジネス・プロセス・アウトソーシング）業務を請け負ったりと、コストを下げ、効率を上げるためにいくらでもできることがあります。

また定着を促すための方策としては、非常に風通しが悪くなっているのがいまの介護事業所ですから、一般企業のように人事ローテーションを行ったり、出向したりといった人事交流を行うことです。これは自社内だけではなく、他社との協力・提携関係によって費

用をかけずに実施可能なはずです。

人は、新しい環境に身を置いたり、いままで会ったことのなかったような分野の人と交わることによって刺激を受けたり、成長したりするものです。人によって程度の差こそあれ、人間にそもそも内在している成長欲求、新しいものに対する好奇心といったものに応えることは、とても大事なことです。

介護業界の経営者はそこに取り組むことが必要です。特に介護を志すような人々は、経済的な報酬だけで動く人々ではありません。利用される方々へ満足のいくケアをしたい、それを通じて自らも職業人として人間として成長し続けたいと考える人が数多くいます。そうした秘めた情熱や意欲に火をつけることこそ、経営者の責任ではないでしょうか。

施設運営の事務・管理業務については、普通の企業に入っているようなシステムを入れるだけで相当改善されるはずです。会計業務も、中小零細の施設であればスマホアプリの会計ソフトである「マネーフォワード」のようなものでもいいのです。オプションを入れなければ無料です。バックオフィス機能を業界で地域的に統合したり、数社でまとめて代行業者に依頼したりしてもいいでしょう。

やれることがまだまだあるということは、裏を返せば、これらの普通の企業がやっていることをやるだけでも大きく変わる可能性があるということです。その意味でも介護はまだまだ可能性のある業界なのだと言えるのです。

同時に、他の業界で経験を積んだ人や企業・事業体が、介護業界に新たな風を吹き込んでいくことも期待したいところです。「越境」してくる人や方法こそ、介護業界に新たな進化のチャンスを与えてくれると考えます。

採用と定着において政府ができることは限られている

そもそも人材の採用と定着において政府や行政が直接できることはほとんどありません。採用と定着に資する施策としては、大きく分けて処遇改善と環境整備があります。処遇改善としては、給与を上げること。介護の場合は介護報酬の基準を引き上げることです。

環境整備としては、人事評価制度を導入するときの仕組みづくり、たとえばコンサル料を補助するといったぐらいしかできません。

あとは再就職支援、つまり辞めた人が戻ってきやすいような研修センターをつくりましょうとか、登録制度をつくりましょうとか、そのような方法が限界です。どうしても側方または後方支援しかできないのが国の悩みでもあります。

それに側方・後方支援は社会的なアピール度が弱いのが現実です。特に国会で「採用や定着に対する施策はどうなっているんだ?」と問われたとき、「こんな制度を設けて補助金をつけています」といってもわかりにくく、小さい効果しか得られないように見えてしまいます。そのため、「それでは手ぬるいから、報酬アップせよ」という議論になりがちなのです。

そうして報酬を数万円上げたところで、根本の部分の制度設計が確かでないと、事業主や、前述したように人材派遣・紹介会社に吸い取られてしまいます。そうならないような工夫をしてはいるのですが、それでもカンフル剤の効果でしかないのが現実です。

現状では介護職の収入は他の似たような業界と比べて、医療を除いてはほぼ見劣りしなくなっています。たとえば、建設業や飲食業、製造業などです。それにすでに給与を上げても人が来なくなっている、つまり価格反応性が鈍ってきているのも確かです。つまり、手取り15万円から1、2万円アップすると反応が大きいのですが、25、6万円からのアップだとインパクトが少ないのです。

介護職の離職理由のところでも見たように、給料が安いことはもはや理由にならなくなりつつあるため、報酬を増やしても離職に歯止めをかけることができないのは当然です。もっと本質的なところを改善する必要があります。

キャリアパスは事業者がつくれる

介護職のキャリアをみたとき、「がんばっても天井が見えている」現状が、定着する志向を阻害していることを紹介しました。それを乗り超えるには、一般企業のように幹部、管理職にまで昇進できる仕組みを個々の事業者でつくっていくことが必要です。

キャリアパスの形成においては「能力の有無」「昇進意欲の有無」など個々の特性に合致した道筋を準備するのが理想です。

たとえば、私（藤田）の会社では次の4つのコースを用意しています。

①「将来起業したい独立起業コース」
②「専門性を高めたい専門職コース」
③「社内で出世していきたいキャリアコース」

④「週休3日のワークライフバランスコース」

これらのコースによって研修などの教育システムや評価軸も異なります。

従業員が現場に700人ぐらいいて、4つのコースのうち前記の3コースにだいたい3割ずつ、そして④が1割程度です。

④の場合、当然他のコースの人より相当基本給は低いのですが、プライベートな時間を大事にしたい、子育てや自分の親の介護を自分でやりたいという人が選択しています。その人のライフスタイルに合致しているので意味があると思っています。

介護業界に中小零細の事業者が多いのは、小資本で始められるので起業しやすいからです。ということは、起業したいと思う人たちがそれなりの数存在するということでもあるので、①のコースを設置する意味があります。

そして、それぞれのコースに合った教育体系、賃金体系をつくり、コース変更も可能にしておきます。

評価軸については、もともとそのコースをつくるときに、現場の人たちに評価軸の項目を洗いざらい出してもらい、そのリストをもとにしています。業務の棚卸をしたわけです。

棚卸をすることで、そもそも自分たちがやっている業務にはいったいどんなものがあるのかを見つめ直すことから始めました。

朝6時から翌日の朝6時までの間に介護職が現場で何をやっているのかをすべて書き出していきました。たとえば朝7時に入居者の人を起こします。起こし方一つとっても、「はい、起きましょうね」といって普通に起こす人もいれば、自然に起きてほしいから、朝食をつくっている音が聞こえるようにあえてドアを開けて、食事の香りが行くようにして自然に目覚めるようにしてあげたり、カーテンを開けて朝の日の光で目覚めさせたりといったように、いろいろと方法があります。それらをすべて洗い出していきました。

業務を分解していくと、どういう介護をすることで利用者の生活の質を改善できるかという評価軸が出てきます。つまり、利用者にとって理想的なケアがあぶりだされます。

そのケアを提供できたかどうかをどうチェックするのかという方法論も考えて、結果的にはその人の要介護度や満足度、家族やケアマネジャーからの評価を、360度評価のようにして判定していきます。

これらがその事業所の評価にどうつながっていくかを意識してもらえるようにします。基本的には給与は個人に紐付いているのですが、評価自体は事業所の評価と連動するような体系にするのです。そうすると、チームとして評価が上がるように自分の目の前の仕事をがんばろうという意識になります。

こうしたキャリアパスを10年ほど前から導入していますが、非常にうまく機能しています。仕事に対する価値観や職業観が今日ほど多様になっている時代はありませんから、そこに対応した制度を導入することで、定着を促すことはできるはずです。

事業者は働く人のせいにしてはいけない

介護施設の経営者はつい働く人の意識の低さや政府の制度設計を問題にしがちなのですが、私（武内）としてはやはり経営者が自ら変わっていかなければいけないと考えています。経営者としてのプライドを発揮してほしいのです。

もちろん政府も働く人も、みな努力しなければなりませんが、現時点では事業者がやや〝他責〟の考え方に傾いてはいないだろうか、と感じているからです。

形をつくればうまくいくと言い切れない最たるものが教育です。教育システムはすべてそうで、現場の努力と認識で大きく変わる世界です。

各業界が血眼になって人材の奪い合いをして、どうやったら人を引きつけられるか一生懸命になっています。その中で介護業界だけがまだ不満を言うばかりで、対策を打てていないという気がします。

フランスでは、介護を含め、11人以上雇用しているすべての企業が常勤職員人件費の1%を職員研修に充てなければいけない法律があり、強制的にでも人材教育に投資する制度になっています。日本でもそうした縛りを設けて、人を大切にする業界であることを社会に向けて大きな声で発信していくことも一案です。

人を大切にする業界へと体質が変われば、大きな変化が期待できます。そもそも人を相手にする、ケアすることが、介護サービスの本質です。働く人を大切にできないはずはありません。

ところで、実際に離職者が極端に少ない介護事業所では、さまざまな工夫が見られます。

たとえば、各自の目標設定シートを自分でつくってもらい、それに対して上司が「こういうふうな考え方もあるんじゃない？」といったレビューを毎日行います。毎日たった3分間のレビューなのですが、何が今日うまくいったか、何がうまくいかなかったか、今悩んでいることはないか、それぞれ1分ずつ上司が聞いていきます。成長実感が得られるのと同時に、上司は部下の状態を確認できるメリットがあります。

こうした努力をすれば変化は必ず起こります。〝魔法の杖〟のような特効薬はありませんが、現場で十分に話し合いを重ね、試行錯誤しながら、その施設「らしさ」を大事にした仕組みや風土をつくること。遠回りのようであっても、それが最も効果的な方法です。

「おしっこ」を予測できる？

介護職の3Kのうち、「給料が安い」に関しては解消されつつあることはすでに述べましたが、「汚い」に関してもテクノロジーによって解消されつつあります。

たとえば、トイレの失敗については介護職の悩みの種の最たるものですが、便意をもよおす前に機械が察知して知らせてくれることができる「排泄予知デバイス　DFree」という製品が登場しました。腰にセンサー機器をつけておき、膀胱に超音波を当てた反応によって小便がたまっているかどうかがわかります。

これとAIを組み合わせて「この人はここまで溜まっている段階で出ますよ」というの

が解析によってわかるようになり、漏らしてしまう前にトイレに連れていくことができます。この精度がどんどん高まっていけば、下の世話についての「汚い」は解消されるはずです。トイレの失敗の処理が介護職には相当な体力的負担にもなっていますから、「きつい」についても相当程度、軽減できます。

また、認知症の人でも不快だという感情はありますから、漏らしていると本人にとってもストレスになります。機嫌が悪くなったり、怒ったり、暴力を振るったりする人もいます。しかしトイレの失敗がなくなると、ストレスが軽減されて落ち着いて毎日を過ごせるようになります。さらに、オムツをせずに生活することができるようになるので、高齢者の尊厳が保たれ、同時に床ずれ（褥瘡）にもならなくなります。

テクノロジーで労働環境は改善できる

実際にテクノロジーでどんな現場の改善ができるかというと、無数に考えられます。たとえば、介護職のサービスの質を評価するには、動画解析が欠かせません。これにはプライバシーの問題が関わってくるので大変難しい問題ではありますが、私（藤田）は介護現場の労働環境を変える最も大きなインパクトを与えられるのは、この動画解析の技術だと思っているのです。

介護現場を定点観測で動画撮影することによって、たとえば入居者の立ち上がり方がスムーズになったとか、歩行速度が上がってきた、あるいは動作の可動域が広がって腕を高く上げられるようになった、今日は体温が高い、脈拍が多い、機嫌が良い・悪いといったことがわかるなど、ケアがどのように成果につながっているか、ビッグデータを活用することでわかってきます。

また、たとえば「この利用者には30分かかわって、別の利用者には2分しかかかわっていない」といった支援の偏りも把握することができるようになります。そこまでやれば、利用者ごとの日々の要介護度が出せるようになると思います。その結果、機嫌がいいときは要介護度が低くて、機嫌が悪いときは要介護度が高くなるといったこともわかるようになるでしょう。

要介護認定にかかる事務コスト（認定調査員による訪問調査・コンピューター判定・地域の有識者による認定審査会の開催・介護保険証の発行）は、概算ですが年間約1兆円にのぼります。すべての介護施設にカメラを設置し、動画を蓄積し、それを解析していくことで、要介護認定はすべてコンピューター上で行うことができるようになり、大幅なコスト削減ができます。

さらに、動画を解析することで介護ロジックが確立され、学術的にも体系化することが可能になります。介護が科学的に体系化されれば、これまで述べてきたような介護の曖昧模糊とした概念論から、技術論に進歩させることができるようになるのです。

動画解析によって、スタッフと利用者、利用者どうしなどの人間関係の相性も把握できるようになります。声のトーンや顔の表情、体の動きでその人の心理状態がある程度解析できるようになってきていますので、そうしたシステムと動画を組み合わせると、相当なことがわかります。

動画で顔認証ができるので、「この人はこのスタッフと接しているときは機嫌がいい」といったことがわかります。介護職と利用者が紐付いていれば、利用者のデータベースがつくれます。すると、どの介護職員がどの利用者にどんなケアをしたら、何か月後にどういう結果になったかがわかるようになります。

この顔認証のシステムは、すでに量販店のドン・キホーテで採用されています。挙動不審な人物が店内に入ると、店内の音楽が自動的に変わることで店員に知らせるようになっているのです。

こうしたことができるようになると、いいケアをやっているかどうかもわかりやすくなりますから、どんなやり方が質の高い介護と言えるのかという評価に反映させることができます。

また、介護職員のメンタルヘルスも分析することもでき、離職まで追い込まれる前に対処することができるようになりますし、ストレスフルな状態にある介護職に適切に休みを取らせることによって、事業者にとっての最大のリスクである虐待を未然に防ぐことができるようにもなります。

介護事業者と介護職がこうしたテクノロジーをうまく使っていけば、誰もが仕事として長く続けられるようになっていくに違いありません。

業界内外でのズレをすり合わせることが必要

介護にテクノロジーを導入しようというとき、業界内部と外部の見方にズレがあります。外部には「介護は工場労働のようなもの」という見方を持っている人がまだいます。その根底には結局、簡単な仕事だろうという考えがあります。しかし、再三述べているように、介護には人間としての高度な判断とか、気配を感じる気づきであるとか、そういうものがあるので決して単純な肉体労働ではありません。

また、高齢化が進んでいくので介護の分野はいい商売の種になるという見方もあります。これは前向きな要素でもあるのですが、そこが先行しすぎているのではないかという懸念があります。

内部からの考え方としてはまず、なぜかテクノロジーを欲しがらない事業者が多いこと。欲しがる場合、理由ははっきりしていて、ひとつは切実な人手不足とか、切実な業務の厳しさをそれによって緩和したいということ。もうひとつは、何となくたまっているイノベーションへの渇望、革新への羨望があります。新しいムーブメントを起こしたいという思いが高じて、という場合もあると思います。

そういう意味で、内部と外部でテクノロジーを巡る思惑が微妙に交錯をしていて、まだ一つの点に結ばれていないのです。みんながそれぞれの思惑で、これを進めようとしているばかり、というのが現状のように思います。

そうであるがゆえに、介護におけるロボットやテクノロジーを巡る政策や取り組みはバラバラです。

テクノロジーを開発するメーカーや研究者の側は介護の現場のニーズが分かっておらず、現場はそれを伝えきれておらず、「開発しても使えない」というケースも少なくありません。両者のコミュニケーションがもっと必要です。

補助金の配り方もそうだし、政策の出し方もそうで、各省庁入り乱れていて、現場の議論も分かれています。まだそれぞれが綱引きしている状態です。もちろん、各省庁にはそれぞれの役割と観点があって、連携して取り組むことは重要です。ただし、残念ながら、求心力を持った扇の要がないことが問題です。

その意味では、あらゆる政策分野がひとりのリーダーの下で束ねられやすい自治体のほうが、新たな動きを具体化できる可能性に満ちています。

たとえば、ものづくりの伝統や工業力を活かし、テクノロジーを中心とした新たな介護の空間づくりを国家戦略特区と組み合わせて進めている福岡県北九州市の動きは注目に値します。

テクノロジーはどこまで代替可能か

介護にまつわるテクノロジーといってもさまざまあります。

機能的にはまず感知系があります。これは感知センサー技術を応用したもので、異常察知、見守り、予測といった分類ができるでしょう。

もう一つは対応系です。腰の負担を軽くするといったパワーアシストのようなものや、省人化を目的としたものがあります。人でなくてもやれる部分は機械に代替させればいいという考え方です。たとえば、食事、入浴、排泄、移動という具合に、介護職の手間や身体的負担を軽減させる目的のものです。

コミュニケーション・ロボットは、分類としては対応系の中の会話補助という位置づけになるでしょう。省力化のひとつとして可能性はあります。ただし、コミュニケーションの分野は相当難しいと思っていたほうがよいでしょう。適当な返事をして、単に会話の相手をするのなら今でも相当程度できるわけですが、相手の意を汲み取るレベルではまだまだ課題は多いでしょう。とくに認知症の高齢者の会話となると、難易度は極端に上がります。

いま政府や産業界が見据えているのは、このようにさまざまな介護のシーンで使えるものを開発しようということです。

私（武内）は、対応系についてテクノロジーが代替できることは限られているため、早い段階で頭打ちが来るのではないかと予想しています。その点、感知系のほうが伸び代は断然大きいと考えています。人の作業の隙間を埋めてくれる部分にこそテクノロジーの出番が大きいのではないでしょうか。

やはり人の目で始終見守るのは限界がありますから、それをテクノロジーで代替していく。そのためには、次の展開を予測する機器の需要は大きいでしょう。

そうすると、介護の風景が劇的に変わるということは、私はそれほどないのではないかと考えています。ロボットが施設の中を闊歩して、無機質な部屋の中に利用者とロボットとモニターしかないというような光景はあり得ないでしょう。

イメージとしては、すべての介護施設にはカメラが設置され、食事や入浴、排泄や移動の介助として対応系が少し入り、裏の見えないところで感知系がフルに稼働しているという状態です。介護現場の見た目はそれほど変わらないものの、介護職の人数は今より少なくてすみ、身体的な負担も軽減される――そんな環境を目指すべきです。

ただ、政府としても介護現場にどういう環境を構築するのが、利用者、介護職にとってベストなのか、まだ目指すべき方向性がはっきりしていません。

介護分野のテクノロジー推進に関しては、経産省と厚労省、総務省などさまざまな省庁が入り乱れて予算を申請しており、まとまりを欠いています。感知系は情報通信技術であるので総務省が推進していて、対応系は工業の分野になってくるため経産省が乗り気です。本来、これらの分野は、厚労省がリーダー的に指針を示さなければなりませんが、どちらにもお付き合い程度というぐらいの温度なので、あまり熱心というわけではありません。やはり厚労省があるべき介護の姿を示し、その上で必要なテクノロジーを整理して効果的なものに重点的に予算が配分されるようにしていくべきです。

もちろん、全方位的に手をつけて、やっていく中で有効なものが限定されていくはずですが、そろそろそうした黎明期は落ち着いてきていると感じています。

全方位的に進めてもう5～6年は経っていますから、予算の配分はそろそろ分野を絞ったほうがいいのではないかと考えます。

介護の仕事はテクノロジーによって奪われない

テクノロジーを導入する際には、施設の経営者から見れば、人が減ったりコストが減ったりしなければインセンティブを感じられません。どの産業でもテクノロジーが浸透するのは、それによってコストが下がり、利益が増えるからです。その面ではまだメリットが十分に感じられるという段階には至っていません。

試してまた修正するということを繰り返してテクノロジーの完成度は上がっていくものですが、そのメカニズム自体がない、戦略がないというのが最大の問題点です。

ただ、今後はおそらく必要性にかられてテクノロジーは現場にどんどん入ってくるでしょう。これは他産業でも同じように起こっていることですから、避けようがありません。

しかし、将来的にはなくなっていく職業がたくさん出てくるだろうと言われているなかで、介護職はそれでも最後まで残り続ける職業です。

それによっていつの間にか、テクノロジーと人との共同作業なしでは介護現場は成り立たないというふうになっていくのだと思います。

ただ、ここで大事にしたいことは、何のためにテクノロジーを使うか、ということです。

それには、省人化・省力化という大きな目的があります。働く人の心身の負担を減らして、中高年の方を含めた多くの方が介護の仕事に入りやすい環境をつくるという目的もあります。

そして何より忘れてならないのは、テクノロジーによって生み出された余剰の時間や気力を、本来行いたい対人ケアの部分に集中するために使うということです。介護現場で働く人々のつらさには、「もっと時間をかけてこういうケアがしたいのにできない」という欲求不満があります。その部分を支えていくことこそ、テクノロジーを導入していく大きな目的であることを忘れてはなりません。

テクノロジーが浸透していく中で、それを使いこなす側も、使われる側も抵抗感のような心理的な壁もしだいに取り払われていくはずです。

昔、洗濯機が登場したころも同じ議論があったといいます。「洗濯というのは人の手でやるから愛情が伝わっていいのだ」という人が少なからずいたのですが、使ってみるとみんなが便利だということがわかり、そんなことをいう人はいなくなりました。

「介護にロボットを」というと、「介護は人の手とまごころでやるもの」という昔ながらのハートフルな介護を理想とする人からは嫌悪感を持たれてしまうのですが、ロボットとは人の形をしている機械だけでなく、デジタル技術を含めたテクノロジー全般と考えてほしいと思います。

つまり、介護にはテクノロジーが必要というのが私たちの認識ですが、その中にロボットもあれば、ＩｏＴ技術、ＡＩ技術、デジタル技術もあるということです。

もちろん、あまり何でもできるという幻想もまた非現実的です。テクノロジーの中にはロボットとか、ＩＣＴとか、ビッグデータなどさまざまなものがありますが、すべてが代替できるわけではありません。現段階で介護現場に使えるテクノロジーは、それを活用する人間がいて初めて生きるのです。

たとえば、排泄が起こることがわかる機器を導入したとき、介護職員のスマホに通知が行くようになっています。〇〇さんのおしっこが出そうだというとき、別の仕事をしかかっていることもよくあります。そのとき、どちらの優先順位が高いかを判断する必要があります。たとえば、車いすの掃除を上司から指示されていたとすると、判断軸が介護職の中にないと、排泄の補助より上司から言われた仕事を優先してしまうのです。車いすの掃除と排泄ではどちらが優先かというと、当然ながら人の尊厳のほうが重要です。

今まさに試行錯誤のとば口に入っているということが言えます。

やる気と能力のある人に集中投資を

介護人材は大きくわけて三層あるというのはすでに述べましたが、このうちやる気と能力のある人材には、特に集中的な投資をするという考え方が肝要です。

やはりやる気のある人、がんばろうとしている気持ちに応えてあげる必要があると思います。

低賃金だった時代は、低賃金なりの人が来るか、やる気はあって低賃金でもいいという人が働く世界が介護業界でした。ところが、いまはある程度給料をもらえます。基本的にどこに面接に行っても採用してもらえます。辞めてもすぐに他の施設に就職できるため、「イヤになったらやめればいいや」と考えている人が入職するようになってしまっているのです。

そういう人が介護をしたときの報酬と、やる気とスキルのある人が介護をしたときの報酬とでは、今は、保険制度から支払われる額としては同じですが、介護職に実際に支払われるときには差をつけることが必要です。

私（藤田）の会社の施設では処遇改善加算の配分に傾斜をつけています。がんばって成長した人には多く処遇改善加算が配られて、まったく努力していない人にはごくわずかの配分です。そのようにして、職業的にがんばって努力している人が報われるようにしなければ、介護現場は明るくなりません。やはりここでも普通の会社が行っている、普通の評価制度をつくることが必要です。

それをせずに給与格差をつけないのは経営者の怠慢に他なりません。一見、平等なようですが、努力しても報われない人が出るのは悪平等というものです。

私（藤田）の会社の事業所では、定性と定量の2つの側面から評価しています。まず事業所全体での数字の目標があります。たとえば、稼働率とか平均介護度といったものです。そしてそれを達成するために個人としてどんなことを日々やっていかなければならないかを定性的・定量的に判定できるようにしているのです。

個人的に目標設定し、それを達成するためのアクションとして質と量の面でどれだけできたかを、上司が毎日3〜5分間でレビューしています。そして四半期に一度、面談して処遇改善加算を本人に支給します。さらに事業所的にも目標が達成されていれば、1・1倍、1・2倍というふうに係数を設定して、最終的に働く人の手取り額に反映されるようになっています。

介護施設はやはりチームプレーで成り立っていますので、個人がスタンドプレーでがんばっても、事業所として雰囲気がよくならなければ数字は上がりません。個人の目標が組織の目標の延長線上にあるように設定することで、自分の成長が組織の成長にダイレクトにつながる実感が持てます。

いろいろと試行錯誤した結果、ひたすらレビューするしかないという結論に至って今があります。やはりやりっぱなしではダメで、やった結果どうだったかを検証し、改善策を考えてみるということをしないとものごとはよくなっていきません。当然のことですが、これを地道にひたすらやり続けることが難しいのです。しかし、続ければ必ず結果は出ます。

こうした手法は一般企業ではすでに定着しているので、介護現場でもそれを後押しするような政策で支援していけばいいのですが、残念ながら役所にその発想がありません。役所では「背中を見て成長しろ」という中で長年やってきたため、自分たちがやっていないことはイメージできないのです。

であればこそ、業界が自ら、そうした方法を開発する努力を重ねる、あるいは働く人から提起していくことによって、まだまだ進化の余地は十分にあります。

報酬制度とやりがいの両方に働きかける

現場には2つのジレンマがあります。利用者の要介護度が上がったら介護報酬は増え、がんばって要介護度を下げると介護報酬が減るというのがひとつ。これについては成果が出たら、報酬が付く形にしていくことは必要です。

もうひとつは、何をどのようにすれば介護報酬が上がるのかという公式がはっきりしていないことです。もちろん、リハビリすれば歩けるようになるといったシンプルな場合はありますが、それとは別に、何をしたらそうなるかという原因と結果の関係が今のところはわからないということが介護の現場にあります。

成果型報酬にすると、有効だと思われるケアをいくら行っても変化が見られない人もいるので、そういう人は利用させないようにするという〝いいとこ取り〟（クリームスキミング）が起こりかねないという問題があります。

どういうケアをベストとするかは、現在は事業者任せになってしまいます。事業所としてどういうケアをベストとするのかを決めておくことが大切です。そこを決めていないから、現場が迷走するのです。

お年寄りに笑顔を、とか幸せに、など、漠然とした理念は持っています。ただ、幸せとはどういう状態なのかということが示されていないため、迷ってしまいます。

私（藤田）の会社の理念は非常にシンプルで「困っている人を助ける」という理念です。それを事業体ごと、現場ごとに落とし込んで行動指針にしています。

サービス付き高齢者住宅と訪問介護、デイサービスでどうなのか、利用者が求めているものが違うので、困りごとも違ってくる。その困りごとに沿って事業体ごとに考えればいいという体制です。

事業所が利用者を幸せにすることを、わかりやすい言葉でかみくだいて、理念として示すことが大切です。利用者の幸せの達成具合をわかりやすい指標で示して、個々の介護職のモチベーションに働きかけていくことです。報酬とやりがいの両面が満たされていけば、介護職の離職は防ぐことができ、定着する人が増えて、介護の現場は劇的に明るくなるはずです。

こうしたことを行政がガイドラインの形として一律に示すことはできません。それぞれの事業所の〝個性〟や〝理念〟というものは、百花繚乱であるべきです。だからこそ切磋琢磨も生まれるし、オリジナルだから現場で働く人の誇りや創意工夫も生まれます。この点でも、「待ち」の姿勢ではなく、業界と事業者が積極的に動いていくべきです。自治体などの行政は、それを後押しする、邪魔しない、ということに専念すべきです。

第7章

介護業界を飛躍させるために

介護は100兆円産業になる

本章では介護事業がどう変わっていかねばならないかについて言及しながら、マクロ的な改革案について考えていきたいと思います。それには制度や政策でできることと、事業者自身ができることの両面から論じていきます。

まず認識しておくべきことは、今後、介護は今の時代にはあり得ないほどの勢いで成長産業になっていくということです。

介護保険制度からの介護給付費は現在約10兆円ですが、これが10年後の2028年にはその倍の約20兆円になると推計されています。20兆円は現在の電力業界と同規模です。この規模になってもまだ10年で売上が倍になろうという業界はまず見当たりません。しかも、その未来がほぼ確実に到来するというのが読めるのですから、実はマクロで見ると日本で唯一の成長産業ともいえるのが介護の分野なのです。

この20兆円というのはあくまで介護給付費だけの金額なので、介護を取り巻く産業である福祉用具や高齢者向け宅食、衣料品などは含まれていません。これらの周辺産業を含めると2025年時点のマーケット規模は約100兆円と言われています。

＊みずほコーポレート銀行作成
https://www.mizuhobank.co.jp/corporate/bizinfo/industry/sangyou/pdf/1039_03_03.pdf

私（武内）が他の業界から介護の業界に入ってベンチャー的にスタートした経営者に話を聞くと、彼らは「まだまださまざまな可能性の眠っている業界だと思っている」ということを異口同音に口にします。

公的な保険制度であるとはいえ、その多くが人件費に使われるということであれば、使われた介護費用は国内消費となり、GDPを押し上げる要因となります。間接的な経済波及効果はとても大きいのです。すでに地方では介護が基幹産業となっている現実があります。

しかもこの状況は少なくとも高齢化率が最も高まる2040年代まで続くことが予想されます。こんな業界はほかにはないのです。

東大に研究機関を⁉

介護を重要な基幹産業にしていくためにも、本書で繰り返し述べているように、介護職の誇りと尊厳が保たれ、アイデンティティが確立されるようでなければなりません。

そのための方策としては、看護師がたどってきた道筋がヒントになるかもしれません。

看護師はかつて3K職場といわれていたのですが、ここ30年ぐらいで一気に専門職としての地位を確立してきました。その理由はいくつかあります。

1つ目は、仕事の内容が科学的に体系化されていたこと。

2つ目は、それに従って、大学教育の中で看護学科が多く整備されたこと。

3つ目は、看護師の専門性に対して報酬を増やしていこうという動きがあり、収入が増えたこと。

まず1つ目については、ナイチンゲールを皮切りに、看護学が欧米でしっかりと体系化をされていて、科学として成り立つ素地が十分にあったことが挙げられます。そうした知恵を学んできた人が日本のリーダーとなって、日本の看護界を引っ張ってきたという面があります。それによって看護学という学問として成立させることができ、教育機関で効率的にノウハウを伝授することができるようになりました。

体系化するには学術的な裏付けが必要ですが、介護はまだ一人ひとりの経験知、暗黙知の中に閉じ込められているのが現実です。それに介護における臨床的な研究をしている研究者はほとんどいません。政策制度論もしくは思想論になってしまっているのです。ケアマネジメントまではある程度研究者がいますが、それを実践する現場の研究者は皆無です。看護学を修めた人などが介護の分野を科学化してくれるといいのですが、まだ時間がかかりそうです。

ただし、体系化するのに環境は整ってきています。医学や看護学が体系化を進めていたころと比較にならないくらい、今のほうがさまざまな技術が進んでいるからです。より短時間で体系化することは可能であるはずです。

ここで重要になるのが、先述した介護のビッグデータです。動画のビッグデータなどは解析すれば多くのことが分かり、介護を〝科学する〟ことができるようになるはずです。これまでは解析できるようなデータベースがなかったため、研究のしようもありませんでした。たとえばどこかのいい施設があって、そこに入って研究して発表したとします。その反応は多くが、「だけど、その施設だからできたんだよね」です。普遍性がないとみなされてしまうのです。確かに科学的にみれば、要件を満たしていないことにはなるので、そこが難しいのですが、徐々にベースにできるデータも蓄積しつつあります。

原因と結果の関係に普遍性がなければ体系化できませんが、介護の場合はそれを立証するのが非常に難しい面はあります。しかし、不可能でもないというのが私たちの実感です。心理学や精神医学といった曖昧模糊とした世界でさえ体系化できているわけですから、介護だってできるはずです。

介護も、看護よりもしかしたら深みがあって科学的な仕事かもしれないのですから、体系化され、学問として学べるようになり、専門性が高まることによって報酬も増えていくという正しい道筋を歩んでいくことが期待されます。

思い切って、東京大学医学部など我が国の学問研究の頂点にあるような機関に、寄付講座でもいいので、介護の科学化、メソッドの開発に当たる研究センターを設置してはどうでしょうか。一気に介護の立ち位置を変えていく試みが必要です。

こうした分野で日本が先陣を切って成果を出し、グローバルスタンダードを作っていければ、介護は世界のＫＡＩＧＯとして、日本の国際貢献や影響力の向上にも役立つはずです。まさに日本の「ソフトパワー」としての介護の可能性を、一刻も早く花開かせるべきです。

専門性と資格によるアイデンティティの確立

介護職のアイデンティティ確立のもう一つの路線としては、専門性とそれを裏付ける資格を持っていると給与が高くなるようにすることとです。介護報酬の中で評価してあげることによって、高度な専門職としてのアイデンティティを確保するということです。

政府はどちらかというと介護福祉士の資格を持っている人に着目して、保険の点数を上げようということを意識的にしてはいます。その場合には、合格率やカリキュラムの難易度をもう少し高めることが必要です。

介護の現場、いや地域包括ケアのリーダーとして介護福祉士が活動できる水準にまで引き上げられてくれば、おのずからそれに見合う報酬が支払われるようになるはずです。

いずれにせよ介護福祉士を高度なプロの資格にしていく必要があるのです。それで資格を目指す人が減ったなら、それはそれでしかたがないというのが私（武内）の考えです。あれもこれも、では政策として曖昧模糊としたものになってしまいます。

一部に業務独占を設定するという考え方を採るなら、たとえば痰の吸引など、医療に近い部分を介護福祉士でないとできない作業をつくる方法がひとつあります。その場合、それを裏付けるような知識や実技を見分けることができるのかという問題はあります。

看護師や医師は、看護学校や医学部で何時間もトレーニングされてきているため業務独占の根拠が明確ですが、勉強して実務経験があって試験を受けたぐらいで、いきなりこの人しかできないという業務をつくるのはおかしいのではないかという考え方も、当然出てくるでしょう。

また事業所で働く介護職のうち、一定程度の資格取得者がいなければ事業所を開設できない、介護報酬が支払われないという制度にすることでアイデンティティを確立する方法もあり得ます。

たとえば、保育士の場合は業務独占はありませんが、保育士の資格を保有していないと認可保育所では働けませんから、実質として業務独占の効果が発揮されている状態になっています。

今でも介護福祉士の人の比率がある程度あれば、介護報酬上の加算が付くという決まりはありますが、その程度が少なすぎるのです。それを思い切って、介護福祉士の資格を持っていないと人員としてカウントしないというふうにしたら、業務独占の行為を限定しなくても実質的にその効果を発揮できるということになります。

しかし、そうすると移行期はどうするのかとか、増大する需要に対応できなくなるといった問題は残ります。保育士は人気の職業であるのでそれが可能だったのですが、介護職はそうではありません。

超高齢化が落ち着いて介護職を志望する人が十分にいる状態であれば可能でしょう。将来の姿としては十分ありえます。しかし、現状はそれをやるのであれば、相当緩やかに移行していく方策が必要です。

医療や介護の資格についてはさまざまな議論があり、百家争鳴の様相を呈しています。介護福祉士と准看護師を統合するという議論もありますが、准看護師と介護人材が一緒になってしまうと、医療の現場における指揮命令系統（ヒエラルキー）における一部下になってしまうのではないかという指摘があります。日本介護福祉士会の中でも意見が割れていて、いっそのこと医療のヒエラルキーの中に入ってしまったほうがいいのではないかということをいう人もいます。しかし、医療と介護とはやはり別にすべきです。

高齢者の介護も障害の介護も、さらには児童の保育も一緒にやってしまえという考え方もあります。「ごちゃまぜ」「共生型」など、いまは地域包括ケアブームで、障害者と高齢者のサービスも融合していこうというわけです。それに伴って人材も融合していこうという雰囲気があります。

これは思想としては正しいし、〝目指すべき星〟のような考えですが、では実際に国家試験も職能団体もばらばらな状況の中、ただ頭でっかちに目指そうといっても簡単ではありません。一歩一歩成果を出しながら、少しずつ問題提起をしていくというやり方が求められます。実例を積み重ねていくべき領域です。

介護福祉士により高い等級を設けて既存の資格と差別化しようという議論もあります。「認定介護福祉士」という上位資格をつくっていくという検討も進んでいます。他方、介護福祉士がそもそも頼りない制度になってしまっているので、それを土台として新たな資格をつくっても定着しないのではないかという意見もあります。

結局、まずは難易度を変えた資格をいくつか用意するという方向性しかないでしょう。これも、そのような仕組みを作ったことによってどういう効果があったのか、しっかりと示しながら前に進むことが必要なテーマです。

いずれにせよ、資格というものは現場で働く方々の目に見えるプライドであることは間違いありません。業務独占なのか、内容の難しさなのか、経済的なメリットなのか、そのどれかによって資格取得者を仰ぎ見られる存在にすることが必要です。

介護を科学的に体系化せよ

介護現場のノウハウを体系化していくには、介護を科学的に分析できるものにしていかなければなりませんが、その点では事業者も働く人も考え方がまとまっていません。介護は科学的に体系化されていくべきだという意見と、介護は愛情と人間性でやるものだと考える意見は、水と油のように相容れません。

私（藤田）は藤原るかさんという、50年以上も現場経験のある、〝カリスマホームヘルパー〟とお話ししたことがあります。

「科学的である」とは、再現性があり、なおかつ普遍性をもっていることをいいます。再現性とは異なる実験においても同じ結果が得られることを言い、普遍性とは第三者が行っても同じ結果が得られることをいいます。

その意味でいけば、藤原さんの介護は科学的であることが言えるのです。つまり、本質を突いたケアを行っているということです。

たとえば、藤原さんが語るエピソードにこんなものがありました。

藤原さんはある末期がんの患者をその人の実家でホームヘルパーとして訪問介護していました。その利用者が最後にアメリカ旅行をしたいというので、藤原さんが同行することになったといいます。

半年準備したのち、実際に現地を旅行して帰国すると、その人はとても元気になったそうです。そして病院で検査したところ、なんとがん細胞が減って寿命が延びたというのです。

その人は喜んだことによって免疫力が上がり、がん細胞が増える速度よりも減る速度のほうが勝ったのでしょう。それだって立派な科学だと思います。そう言うと藤原さんも納得してくれていました。

藤原さんのようなカリスマヘルパーのような手法は単に量産されたヘルパーには無理に違いありません。しかし、その本質的なところを読みとって、日々の介護に生かしていくことは可能です。

〝混合介護〟解禁が最後のチャンス

既存の事業者にとって、また、これから新規参入しようとする事業者にとって混合介護はひとつのきっかけになるかもしれません。

医療には、公的医療保険制度からではなく、例外として患者から別途費用徴収を行うことが認められている分野があります。差額ベッド（入院したときの個室代）や新しい高度な医療技術のなどのごく一部です。そうした保険診療と保険外診療をあわせて、いわゆる混合診療と呼んでいます。つまり、「一連の医療行為について、保険診療と保険外診療の併用を認めること」を指します。混合介護もそれと同義で、「保険内の介護サービスと保険外の介護サービスの併用を認めること」です。

現状、混合介護は完全に禁止されているわけではありませんが、実質的に相当できる余地が狭められています。厚労省からの通達によって多くが禁止されているのです。

混合介護を解禁することによって現場の創意工夫や新しいニーズの掘り起こしなど、さまざまな意味でのポジティブな効果が出るのではないかと考えます。

保険のサービスを行っている時間内に保険で認められていないサービスをすることは基本的に認められていません。

たとえば、自分の気に入った介護スタッフを指名することは保険外介護として認められています。ただし、指名をして介護保険の訪問介護を使ったりすることはできません。

また、わかりやすいケースでいうと、たとえばヘルパーさんが、家事援助でお客さんのところに行って、そこで食事をつくりながら切れていた電球を取り換えるということは、保険で認められていないサービスなので今のところNGです。

通所介護でやっとOKになったのは、デイサービスの利用者みんなで送迎車に乗ってお買い物ツアーに出かけるというものです。それまではお買い物はおろか、散歩もできませんでした。その時間内は施設の中で過ごすことが通所介護のサービスだという枠組みがあったからです。しかし、通所介護利用中に美容院から訪問美容師が来てカットしてもらうのは、いまだにNGです。

保険外の介護サービスを大幅に認めてしまったほうが、事業所は収入が増えますし、利用者も喜ぶことが目に見えています。いいことしかないはずなので、拡充していく方向で検討を進めるべきです。収益を上げる道が増えれば、その分、介護職の研修や給与に充てられる原資も増えます。

訪問介護の1単位は30分ですが、その時間の中で保険外のサービスをすると、その保険外のサービスの時間の分も保険で支払っていることになるため、厳密にいえば二重取りになるという指摘は確かにあります。悪徳な事業者を想定しているわけです。たとえば30分の保険内のサービスに対する支払いが3000円だとします。その中の25分が保険外のサービスで、仮にそれが3000円とすると、保険から3000円支払われ、利用者から自費で3000円支払われることになります。

では、保険外のサービスが25分間だったから報酬も2500円差し引くかというと、それも事務手続きが煩雑になりすぎて現実的ではありません。

そうした課題は残るものの、やはり保険外サービスも認めていく方法で考えていかねばなりません。事業というものは、稼げないと思考停止に陥ります。ヘルパーが指名OKにならなければ、美容師と一緒でモチベーションは上がりません。

私（藤田）の会社では、大田区で「ワンちゃんと一緒に通えるデイサービスセンター」

をオープンしました。

通常のデイサービス施設に加え、ワンコのお風呂とトリミンググルーム、ワンコと利用者が戯れるスペースがあります。人に対しては保険の範囲内のサービスしか行いませんが、犬に対してはトリミングなど付加サービスができます。これなら犬に対するサービスで1回5000円から1万円の収入が得られます。お風呂も浴槽は違うものの、一緒に入っているように感じられるものを用意しています。愛犬へのサービスという点では、これも新しい混合介護のひとつといえるかもしれません。

医療の世界でも混合診療は認められていませんから、介護にもその思想を引きずっているのです。すべてが禁止であるわけではありませんが、相当厳しく限定しています。介護保険の世界に民間企業の参入を認めた本質的な意味が、厚労省は今になってよくわからなくなってきているのではないでしょうか。

民間参入を認めたことの本質は、やはり個々の事業者が創意工夫して新しいサービスを生み出し、それによって介護の目的を達成し、利用者の方々の生活の質を高めることにあるはずです。

新しい価値を探し出すのが民間企業の本質なのに、アイデアはあるのにやらせてもらえない歯がゆさを感じていると思います。民間企業を入れていくということはどういうことを意味するのか、いまいちど、深く考えることが必要です。

セルフケアプランをつくる時代に

もうひとつの大きな変革は、自分の介護のケアプランは自分でつくる時代になっていくということです。

現在、80％のケアマネジャーは介護事業所に所属しています。すると、自分の会社のサービスを使ってもらうようなケアプランをつくるインセンティブが働きます。

ケアマネジャーにはエンドユーザーがいて、その人の状態像から「この人はこのサービスとこのサービスを使うと、ＡＤＬ（activities of daily living：日常生活動作）が回復する、あるいは生活の質が向上する」などといったことを見込んでサービスを決めていきます。「この事業者があなたには適していますよ」ということを、自分の持っているデータベースの中からマッチングして利用してもらうわけです。

結局、それが全部自社サービスに紐付くのであれば、そもそも評価する必要もありませんし、地域の関連するサービス供給の状況など社会資源のデータベースも持っていないなら、別の方法でもその役割を十分代替できるのではないかと思えます。

たとえば、自分の親の介護で困ったというときに、スマホで親の情報、つまり年齢、疾病、症状、家ではこんな行動がある、たまに火を消し忘れることがある、家に帰ってこれなくなる、たまに歩けなくなる、立てなくなるといったことをサクサク入力していくと、その人にぴったりのサービスがオススメされ、そのサービスにおいて評価が高い事業所が提案されるというシステムにするのです。これでもうケアマネジャーの仕事のほとんどは代替していることになります。

ポイントは事業者の評価を「食べログ」のように集めるというところと、もう一つは利用者の情報から適切な事業所を選び出すロジックを構築することです。

この2つのポイントさえクリアできれば、本人や家族がケアプランを作成することは十分可能です。そのほうが利用者もその家族も納得感が高くなるはずです。

セルフケアプランの話はすでに政策課題としては浮かび上がってきてはいますが、具体化にはもう少し時間がかかりそうです。ただ、技術的には現在でも十分可能なので、おそらくセルフケアプランは近い将来、実現することになるはずです。

そもそも介護保険のもともとの考えでは、ケアプランは家族がつくるというのが大前提の制度になっているのです。例外的にケアマネジャーに委託できるというふうになっているので、スマホで家族がケアプランをつくることになっても制度的にはなんら問題はありません。事務作業や請求なども家族がする必要はありますが、それもアプリでボタンを押していくだけでできるというシステムをつくることは十分可能です。

問題はケアマネジャーの仕事がなくなることだけです。彼らの業務としてはケアプランの作成のほかに、たとえばエンパワーメントといって、家族の人が介護疲れしないで在宅介護が続けられるように側方・後方支援する仕事や、新たなサービスが出てきたときにそのサービスを使うのが有効かどうかを評価して、場合によっては利用者にサービスを変更してもらうといったものもありますので、そうした業務に特化した仕事として生き残っていく道はあります。

ケアマネジャーは基本的には元介護職の人が多いので、そういう人は介護現場に戻ってもらうという道もあるでしょう。そうすれば、少しは介護現場の人材不足が解消されると思います。時代の変遷によってなくなる仕事はたくさん出てきていますから、ケアマネジャーの方々もそれに即して変化していっていただくということです。

社会福祉法人制度を新時代型に

社会福祉法人制度はいろいろな規制を受けている一方、法人税をはじめとしてさまざまな税制の優遇があり、特別養護老人ホームなどの第一種社会福祉事業は社会福祉法人にしかできないという特権的な地位も与えられています。政府側も社会福祉法人側も非常に公的な色彩の強い制度として認識しています。予定調和的な福祉の世界、あるいは施しとしての福祉の世界には非常にマッチした仕組みであるといえます。

1960~80年代に福祉医療の供給量を拡大する過程においてはとてもよく機能した仕組みだったのですが、2000年から介護保険になって多様なサービスを生み出したり、あるいは経営を効率的に行ったりすることが求められる時代になった段階では、社会福祉法人制度がくびきになっているのではないかという見方もできます。

介護保険事業を行う社会福祉法人は、全国に1万か所以上ありますが、意欲や経営能力に大きな格差があるのも事実です。公的なサポートは少し減らしてもいいから新しいサービスをやりたいという社会福祉法人もあれば、今までどおり〝公の一翼〟として粛々とやっていきたいのだという社会福祉法人もあり、さまざまです。

株式会社との違いは何かというと、第一種社会福祉事業という事業ができることです。第一種社会福祉事業とは、たとえば特別養護老人ホームや障害者の入所施設など、施設を運営できることです（一種が施設、二種が在宅）。

なぜこうした事業が社会福祉法人に限定されているかというと、それを自由に行えるようにすると利用者からの経済的・権利的な搾取の可能性が高くなるというのがその理由だと言われています。

では特別養護老人ホームと民間企業の運営する有料老人ホームで何が違うのかというと、大きな違いはありません。結局、要介護の利用者に介護サービスを提供して、食事、入浴、排泄、リハビリを提供することは同じなのです。やっていることは同じなのに、片や課税対象、片や法人税非課税ということになっているので公平性を著しく欠いているという指摘があります。

社会福祉法人は税金以外にもメリットがあります。前述した、市街化調整区域に建物を建てられるのもそのひとつです。調整区域と調整区域でない場所で土地代を比較すると、市街化区域では市街化調整区域の10倍になることもあります。つまり、民間で老人ホームを建てようと思うと市街化区域に建てざるを得ないので、社会福祉法人が市街化調整区域に建てるよりも土地取得費が10倍かかるのです。

社会福祉法人も十把一絡げに捉えて善か悪かといった議論ではなく、自由度の高い社会福祉法人から規制度の高い社会福祉法人まで、民間に近いほうからA型・B型・C型というふうに分類して選べるようにしてはどうかというのが私（武内）の考え方です。

たとえば、いま増えているシングルマザーや低所得の高齢者に関して、そこを支える事業を社会福祉法人が行う場合、その部分のみ法人税を非課税にするというやり方であれば、そういうサービスは増えるはずです。

社会福祉法人は福祉の範囲内ならどんな事業をしても非課税ですから、利益がより多く望める介護保険サービスのほうに偏ってしまっているのです。その結果、低所得の高齢者は社会福祉法人が提供しているよりも安い民間の住宅型有料老人ホームに流れ、家賃と食事込みで、月額5万9000円程度で生活していたりします。

そうであるなら、低所得の人たちを支える施設は社会福祉法人に担ってもらい、そこは非課税にし、民間でもできる介護保険のサービスを提供する施設は課税にするというふうにしないと、バランスを欠くと思います。

いずれにせよ、社会福祉法人の制度は時間が経ってそろそろ時代に合わなくなってきているので、議論を進めていくことが必要です。

その際、社会福祉法人が担ってきた歴史上の役割や地域社会での重みといったものをしっかり尊重して議論することが重要です。

効率重視・利益重視のビジネスの社会にいる人々からは、判で押したように〝社会福祉法人性悪説〟が叫ばれ、ともすると悪者扱いされることも多い現状があります。

しかし、それでは議論は感情的になり、何も進みません。丁寧に対話しながら、前向きで夢のある社会福祉法人の未来像を描くときではないでしょうか。

介護を理解している首長が必要な時代へ

政府や事業者だけでなく、自治体としても介護の担い手としての責任感を持ってもらわねばなりません。

介護は制度上、基本的には自治体の業務ですから、介護を理解している首長が自治体として風穴を開け、新たな取り組みを進めることが必要です。特に首長から的確な問題意識を持った動きをしていくことです。

ところが、どこの首長もこの分野については驚くほどおとなしい印象があります。介護については都道府県も市町村も多くは熱心にやろうというモチベーションがあまりないようです。

県知事で介護の人材不足が問題になっているという意識がある人はごくわずかです。介護は住民にとっても重要な話であるのに不思議です。私（武内）が自治体の首長と話をしても「介護は国の仕事」と思っているのだなという印象を受ける人ばかりでした。要は当事者意識がないのです。

自治体としては企業の誘致のほうが花形で、介護の充実は地味な印象なのかもしれません。絵になりにくいし、選挙でも成果を出しにくいのかもしれません。しかし、だからこそ行政が力を入れるべき分野なのです。もはや、高齢社会への対応のあり方が地域の力を決める時代となりました。首長も意識を高く持ってこの問題に取り組むべき時代に入りました。

団体は大同団結して強くなれ

こうした改革案を介護業界が自ら声を上げて打ち出していく必要があります。政治や行政になんとかしてくれと叫ぶだけでは何も変わりません。

介護業界には業界団体や職能団体などを合わせると何と270以上もの団体があると言われています。それぞれが小さすぎて非力というか無力です。

先述したように、日本介護福祉士会の組織率は4％です。96％の介護福祉士が加入していないというのが現実です。もっと組織率を上げるための戦略をつくり、組織率を上げた上で介護福祉士の業務独占を要求すれば認められる可能性が一気に高まるなど、さまざまな改善が望めるはずです。

介護福祉士の資格を持っている人は医師会などと比較しても圧倒的に人数が多いのですから、それだけ政治的パワーを持つ可能性があります。すると要求事項が通りやすくなりますから、さまざまな点で改善できることが予想されます。老人福祉施設や老人保健施設の団体もリーダーシップを取っていくべきです。

業界団体内で地位を争っているところも少なくありません。たとえば、組織率4％の団体の内側で理事の席を争っている場合ではないのです。それに介護の団体では、理事の多くは男性ばかりです。一方、現場の介護職は多くが女性です。やはり現場で働く比率に合わせた男女比率になっていなければおかしいでしょう。

まとまって声を上げていくような動きが出てくる可能性は、このままだと残念ながら難しいといわざるを得ません。介護福祉系の人たちはやさしい、おとなしい人が多いように思います。対立とか戦いをあまり好まない人が多いのです。そのあたりがまとまらない要因になっているのかもしれませんが、そんなことを言っている場合ではなくなってきています。One KAIGOで1つの戦える業界団体を作る必要があります。介護業界の〝薩長同盟〟が必要な時代だという認識を持つべきです。

M&Aの推進で体力をつける道

他産業でも、個別化・細分化している業界が非効率なのはビジネスの常識です。事業を統合していけば、間接部門をみんなが持つ必要もなく、購買でバラバラに交渉する必要もなく、人の採用を個別にする必要もありません。ですから、会社を統合して事業規模を拡大していったほうが業界として効率性が高くなるのです。そこが介護業界の残された大きな課題です。ただちに進めることはできなくとも、長い目で見て進めるべき方向性はこれです。

事業規模の統合が進まない理由としては、経営者にお山の大将の人が多く、合併されたくないということもあるし、制度上も政府にそういう流れを促していこうという機運がありません。

今まではそれでも個々の事業者が生き延びられるような報酬のレベルを設定してほしいというのが業界の意思でしたし、国もそれに応えてみんなが生きていけるように報酬を設定していました。いわばかつての護送船団のようにみんなが生きていけるようにやってきたわけですが、それももう限界にきています。

ちなみに他の業界ではこの道をみなたどってきて、チェーン化やFC化してきているのですが、こと介護に至っては家族っぽい温かさを求めるという点もあって拒んできたという背景があります。

今の状態は個別商店、いわばブティックが林立している状態で、これを百貨店に統合したほうが経営は安定するという話なのですが、それよりも「ブティックのほうが味があっていい」という感じです。

それに、ビジネス側が統合していくことのリスクを考えているというのも統合が進まない一因かもしれません。大規模化すると効率的になりビジネスも拡大できるという利点がある一方で、リスクも大きくなります。何か事故が起きたときの影響が全体に波及するというリスクが大きくなるのです。

たとえば個人経営の酒屋から食中毒が出た場合であれば影響は限定的ですが、それがセブン-イレブンで起こると、セブン-イレブン全体のブランドが毀損してしまいます。

そうした事情もあって、結局この状態が温存されたままになっているのです。しかし、そうしたデメリットを勘案してもやはり事業体はある程度大きくして効率化することは必要でしょう。

いまは多くの事業体が一事業者一施設であるので、収斂させていくのにコストが膨大にかかってしまいます。マーケットサイズが縮小している業界ではこのことがやりやすいのですが、介護業界は小さい事業所でもやっていけるので、そうした圧力がかからない面はあります。

たとえば、オーストラリアの介護業界では10年間で3分の1ぐらいに事業母体を減らしたといいます。一定のクオリティや規模を満たさない事業者の報酬を下げるといった方法を取り入れたようです。そのように思い切って意図的に事業者を減らす方向に舵を切ったところ、極めてリーズナブルなやり方で集約されたのです。

統合とかM&A、合併などと言い出すと、こうしたキーワードがリストラと一緒に語られてきたため、心理的な抵抗感があるのも事実です。

このテーマは、厚労省や政府としても政策にするのが難しいところで、生命・健康に関わる業界は簡単に事業者の淘汰や選別、統合を進めにくい面があるのは確かです。生身の人間を扱っている業界は、事業者が干上がったりすると、そのあおりを食うのは消費者たる利用者だからです。

大きな変革をした場合には、その過渡期にサービスの質が大きく落ちて事故や不祥事が起きるということもあり得ます。ですからじっくりと長期的な戦略をもって移行していくことが大切です。

異業種参入組が規制の壁をぶち破れ

今後、介護業界が大きく飛躍するためには、再編と異業種からの参入は欠かせません。

これまで述べたように、介護を担う民間企業は中小零細がほとんどですから、介護以外の間接部門のコストが相対的に大きくなってしまっています。こうした小さな企業の統合が進めば、テクノロジーの積極導入はもちろん、間接部門の効率化、現場仕事の効率化などにより全体としてのコストが下がって事業者の可処分報酬が増え、それによって介護職が長く働けるようになって経験とノウハウとデータが蓄積され、ケアも改善されていくという好循環が描けます。

また、効率化の面では異業種からの大企業による参入に期待したいと思います。大企業による大規模化によって効率化の面で非常に可能性がありますし、他業種のノウハウをもっと介護に入れてほしいという期待もあります。それによって介護業界全体がブレークスルーできる可能性はあると思います。

介護に親和性が高い異業種としてはフィットネスクラブが挙げられます。コナミスポーツやルネサンスというフィットネスクラブは介護予防の分野ですでに参入していますが、本格的な介護へ進出することが十分予想されます。ライザップも介護事業に参入してきています。

ＩＴやテクノロジー系企業も可能性がありそうです。介護業界は他業種に比べると、その点が著しく遅れているため、導入効果の伸びしろが大きいと思われるからです。ソフトバンクや楽天といった革新的な企業に参入を期待したいものです。

異業種からの参入を成功させるヒントとしては、事業者への給付費の大半が人件費なので、全国に展開するというよりは一つのエリア一つの領域（ドメイン）の中でできるだけ密集度高く支配的に（ドミナントで）展開するほうが、効率性が上がるということです。一人の介護職が見る人数が増えたり、複数の施設を兼務できたりすると効率化になります。

どんな企業が参入するにしろ、規制の壁を押し破るにはそれなりの圧力が必要で、そのためには本気で命懸けで取り組まなければなりません。上層部から指示された人が出向で来るくらいだと本気度はなかなか上がらないのではないでしょうか。

介護報酬という公定価格が基盤になるので成長戦略が描きにくいために参入しづらいのかもしれませんが、現状はおかしい、こうあるべきだと声を上げて国と対峙するような企業が出てくればさらに時代は大きく動く可能性があります。

そのために待たれるのはリーダーの登場です。たとえば農業にはＩＴ業界や金融業界から多くの新規参入があります。同じムラの人はなかなか声を出しづらいものがありますが、異端者が攪拌することによって、業界の空気が変わるというのは多分にあります。そんな介護業界のリーダー的存在の大企業の登場に期待したいと思います。

日本のＫＡＩＧＯには世界進出の可能性が十分ある

今後、テクノロジーの導入や動画のビッグデータの解析が進み、日本の介護が世界に誇れる産業になったとき、世界進出が可能だと考えています。

介護分野においての日本の優位性は、介護の仕事が仏教的な慈悲の心あるいは儒教的な年長者を敬う心など、東洋的な価値観と親和性が高い点にあります。もともとこうした価値観をもっている日本人が行う介護は、技術的に非常に高度かつ思いやりに富んだ、質の高いものにできるはずです。

医学においては西洋医学のように疾病を「闘い、倒す」ことでよかったのですが、認知症のように退治できないものには、それを受け入れたうえでいかに生きるかが大事になってきます。そのときには東洋的な価値観が生きるはずです。

これからは日本の介護のスタンダードを海外に輸出していくことを視野に入れていくべきです。

統計を眺めると、これから世界中が高齢化していくことが明らかです。2050年から先になると、日本の高齢化率はいまよりぐんと下がって落ち着き、今後は主にアジアで高齢化が進展します。中国、インドはもとより、ブラジルでさえ2050年には今の日本の高齢化率と同じくらいの超高齢社会を迎えます。アフリカ以外の地球上のすべての国で高齢化していくのです。

ということは、介護のノウハウをもつ人材はグローバルにどこでも活躍できるということになります。グローバルで見れば介護職個人も優位なポジションにいることになるのです。

私（藤田）の会社では中国へ進出していますが、社員でいま中国の介護現場で教育を行っている者がひとりいます。これまで日本の介護の問題をあげつらってきましたが、そうは言っても日本は世界から見れば介護先進国なので、介護のノウハウは積み上げられてきています。中国でそのノウハウを伝達しようということです。

中国ではそうしたノウハウがいま切実に求められていますから、人材育成は急務です。そこで教育ができる人は重宝されますから、中国の会社からは月収120万円でオファーをいただいています。それぐらい求められている人材だということなのです。

どんな業界でも海外に日本のシステムを導入しようというときは、そのまま持って行ってもダメで、現地の様相に合わせてローカライズ（現地化）することが求められます。ただ、土台の部分は共通です。土台の部分とは、人間はどのように扱われたいかということ。これは洋の東西を問わず共通です。誰もが一個人として認められ、尊重され、大事に扱われたいと思っているのです。そこは日本の介護現場は大事にしてきたと思うのです。

これから日本の介護の現場で豊富なデータベースを活用し、さまざまな介護のシステムをつくり、スタンダードをつくっていくことです。それを世界のスタンダードにしていけば、あとから高齢化する国々は、そのプラットホームであるシステムを日本から買ってくれるはずなのです。

たとえば、アメリカでは病院の機能評価の仕組みをつくって、世界の国々からコンサルティングの仕事を受けたり、認証の資格をつくったりなどして外貨を稼いでいます。これを日本は介護の分野で担っていけばいいのです。〝稼げる介護〟に変えていくことが重要です。

日本の介護の現状に危機感を持ち、改善していく必要はありますが、これまでやってきたことも決して間違いではなく、通らなければならない道筋だったとも言えます。そこを苦労して乗り越えた先には、前途洋々の未来が広がっていると信じています。

終章

「介護」を再定義するとき

これまでやってきた介護というものの意味合い自体が変わろうとしているのが今という時代だと思います。これまでの認識を大きく変えなければならない時代です。

ここまで本書を読んでいただけたならば、介護とは単に身のまわりのお世話だけではなく、より複雑で多様な業務が集まっているものであることがわかっていただけたと思います。

そのため、介護職はプロフェッショナルにならなければならないし、人の手だけでなく、テクノロジーも使っていかないといけないということが言えます。

福祉の立ち位置から離陸して、ビジネス的要素を踏まえた、持続可能性のある業界にしていかなければなりません。

これまでの認識から一歩踏み出して、「介護2・0」の時期に入っていくのだと思います。


かつての介護職の仕事は肉体労働そのものでした。知的労働の要素はまったくありませんでした。介護職としてスキルアップするための教育制度も皆無で、「見て学べ」「経験しながら成長せよ」でした。「なぜそれをやるのか」という根拠も一切ありませんでした。

たとえばお年寄りが車いすに座ってテレビを見ています。そこへ介護職が寄っていって、その人に何か話しかけます。「なぜ君はそれをやったのですか」と聞いても「いや、何となく」という答えしか返ってきません。「なんとなく、そうしたほうがいいような気がして」という程度の根拠しかなかったのです。

これからの時代はこれをまったく違う世界にしていかなければなりません。テレビを暇そうに見ている人がいれば、「つまらなそうだな、こんな生活をずっと続けていたらこれから生きていこうっていう希望も湧いてこないだろう」と考えて、希望の湧くような話をしたり、散歩に連れだしたり、カラオケで一緒に歌ったりといったことをしようと考えます。歌うことによって、嚥下の機能が改善して、誤嚥性肺炎の予防になるということもあります。

そこまで理解した介護職をたくさんつくっていかなくてはいけません。いくらテクノロジーを入れても「なぜそれをやるのか」の本当の意味が理解できていなければ、そもそもテクノロジーの使いようがありません。

テクノロジーの進化に介護職の進化がついていけなければ、無用の長物ばかりが増え、かえって現場に混乱をもたらすことになるでしょう。その結果、思わぬ事故が起きる可能性すらあります。

現場で介護をしながら技術の統合を真面目に研究している介護職はいるのです。そういう人材が編み出した手法は翌日からすぐに実践できるし、非常に役に立ちます。やはり専門性を科学的に極めていこうという、いまはごくわずかしかいない貴重な人たちがどんどん情報発信してスポットライトを浴びてほしいと思います。

「きつい職場なのに、前向きに仕事をして素晴らしい！」と同情的に称賛されている「キラキラワクワクの介護」から一歩進んで、プロフェッショナルとして介護職の地位を確立するしか、現状から脱け出すことはできません。そしてそれは、十分に可能です。

私たち筆者二人は今、介護に対する希望に満ち溢れています。個の介護職、個の事業者、個の地域力を結集して、新たな介護の地平を拓いていきましょう。ポテンシャルは十分です。

おわりに

「介護をあきらめない」――それが私たち筆者二人の願いです。

こうして筆を執っている間も、介護現場では多くの介護職の皆さんが黙々と、さまざまな高齢者の心と体、生活を全身全霊で支えています。それなのに、介護をめぐる誤解は広がり、厳しい環境ばかりが喧伝され、将来への見通しも持ちにくい。考えるだけで気が重くなる、耳障りな課題だらけの業界になりつつあります。

だからこそ、介護の未来を、介護という仕事を決してあきらめることなく、希望を示したいというのが筆者二人の執筆動機でした。

藤田さんと私は、経営と政策という、異なる地点からずっと介護について考え、取り組んできました。その経験に根ざして、介護職をめぐる課題、その根底にある介護業界にある課題を、正直にフェアに論じました。あえてタブーをおそれず、私たちが直視しなければばならない論点を語り合いました。真の問題設定ができなければ、真の解決はないと考えたからです。

私は、介護という仕事ほど、〝人間的な〟仕事はないと信じています。文中でも述べましたが、介護とは、知性・感性・コミュニケーション能力のすべてを動員しなければならない仕事であり、人間の自立や尊厳という奥深い、されどつかみどころのない部分を探し当てる仕事であり、決して技術やロボットでは代替しえない仕事です。また、日本人の得意なきめ細やかさ、目配り気配りも必要な仕事です。人間がどう生き、逝くのか、という深遠なテーマに向き合う仕事です。

であればこそ、介護職や事業者の皆さんが置かれた現状は看過できません。ふさわしい認識を私たち社会全体が持ち、相応に報われる仕事になってほしい、その一念だけです。

しかし、悲観をする必要はまったくありません。介護には無限のポテンシャルがあります。介護は〝進化の途中〟なのです。「個」の力――「個」の介護職、「個」の経営者、「個」の地域――それらの力を結集し、そして、地域や社会が介護を〝自分ごと〟としていくことができれば、必ず我が国の誇るべき仕事、営みとなっていくでしょう。そう私たちは確信しています。近い将来、介護が〝高度な知的産業〟として脱皮していく、そんな時代を夢見ています。

新しい介護の時代へ――すべての介護に携わる方々とともに、一緒に考え、動きをつくりだしていきましょう。そして、老いて支援が必要となった方々が、誇りを持って大事な人生を生き尽くすことのできる社会がつくられていく、そう信じています。

武内和久

ディスカヴァー携書 204

介護再編　介護職激減の危機をどう乗り越えるか

発行日　2018年8月30日　第1刷

Author　武内和久　藤田英明

Book Designer　石間　淳

Publication　株式会社ディスカヴァー・トゥエンティワン
〒102-0093　東京都千代田区平河町2-16-1 平河町森タワー11F
TEL　03-3237-8321（代表）
FAX　03-3237-8323
http://www.d21.co.jp

Publisher　干場弓子
Editor　藤田浩芳

Marketing Group
Staff　小田孝文　井筒浩　千葉潤子　飯田智樹　佐藤昌幸　谷口奈緒美
古矢薫　蛯原昇　安永智洋　鍋田匠伴　榊原僚　佐竹祐哉　廣内悠理
梅本翔太　田中姫菜　橋本莉奈　川島理　庄司知世　谷中卓
小木曾礼丈　越野志絵良　佐々木玲奈　高橋雛乃

Productive Group
Staff　千葉正幸　原典宏　林秀樹　三谷祐一　大山聡子　大竹朝子
堀部直人　林拓馬　塔下太朗　松石悠　木下智尋　渡辺基志

Digital Group
Staff　清水達也　松原史与志　中澤泰宏　西川なつか　伊東佑真　牧野類
倉田華　伊藤光太郎　高良彰子　佐藤淳基

Global & Public Relations Group
Staff　郭迪　田中亜紀　杉田彰子　奥田千晶　李瑋玲　連苑如

Operations & Accounting Group
Staff　山中麻吏　小関勝則　小田木もも　池田望　福永友紀

Assistant Staff　俵敬子　町田加奈子　丸山香織　井澤徳子　藤井多穂子　藤井かおり
葛目美枝子　伊藤香　常徳すみ　鈴木洋子　石橋佐知子　伊藤由美
畑野衣見　井上竜之介　斎藤悠人　平井聡一郎

Proofreader　文字工房燦光
DTP　有限会社マーリンクレイン
Printing　共同印刷株式会社

ISBN978-4-7993-2357-1

携書ロゴ：長坂勇司
携書フォーマット：石間　淳